강치야, 넌 어디 갔니?

가장 쉽고 재밌게 설명하는 어린이 독도 교과서
강치야, 넌 어디 갔니?

초판 1쇄 발행 2025년 4월 30일

지은이	이두현·권미혜
펴낸이	김선기
펴낸곳	(주)푸른길
출판등록	1996년 4월 12일 제16-1292호
주소	(08377) 서울시 구로구 디지털로 33길 48 대륭포스트타워 7차 1008호
전화	02-523-2907, 6942-9570~2
팩스	02-523-2951
이메일	purungilbook@naver.com
홈페이지	www.purungil.com
ISBN	979-11-7267-043-6 73980

ⓒ 이두현·권미혜, 2025

• 이 책은 (주)푸른길과 저작권자와의 계약에 따라 보호받는 저작물이므로 본사의 서면 허락 없이는 어떠한 형태나 수단으로도 이 책의 내용을 이용하지 못합니다.

가장 쉽고 재밌게 설명하는 **어린이 독도 교과서**

강치야, 넌 어디 갔니?

이두현·권미혜 지음

푸른길

| 차 례 |

| 제1장 | 우리의 땅과 바다 그리고 하늘

여긴 우리 땅이야! · 10
대한민국은 얼마나 클까요? · 12
우리나라 땅은 어디까지일까요? · 14
바다와 하늘, 너희는 어디까지니? · 17

| 제2장 | 배타적 경제수역과 독도

배타적 경제 수역이 뭐예요? · 22
독도는 우리의 배타적 경제수역에 있나요? · 24

|제3장| 독도, 어디에 있을까

독도, 어떻게 갈까요?	·30
동경 132, 북위 37	·33
지리적 위치와 관계적 위치란?	·36
독도의 주소는 어떻게 될까요?	·38
독도의 날씨는 어떨까요?	·40

|제4장| 쌍둥이 섬 독도와 바위 친구들

신비로운 독도의 탄생	·44
우리는 쌍둥이 섬이랍니다	·46
독도의 바위 친구들	·50
둥근자갈 해안과 구멍 뚫린 바위	·55

|제5장| 독도 강치와 친구들

강치야, 넌 어디 갔니?	•60
알록달록 바닷속 친구들	•64
괭이갈매기와 친구들	•72
독도의 푸르른 친구들	•80

|제6장| 불타는 얼음과 깊은 바닷물

불타는 얼음이 뭐야?	•90
깊은 바다, 깨끗한 물!	•94

|제7장| 우리 역사가 지킨 독도

신라 장군 이사부와 우산국	•100
옛 문헌에 기록되어 있는 독도	•102
조선의 민간 외교관 안용복	•106
대한제국 칙령 제41호와 연합국최고사령관 각서 제677호	•111
우리 땅을 지킨 독도의용수비대	•116

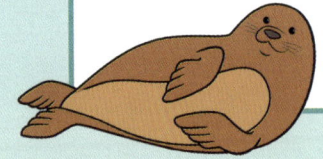

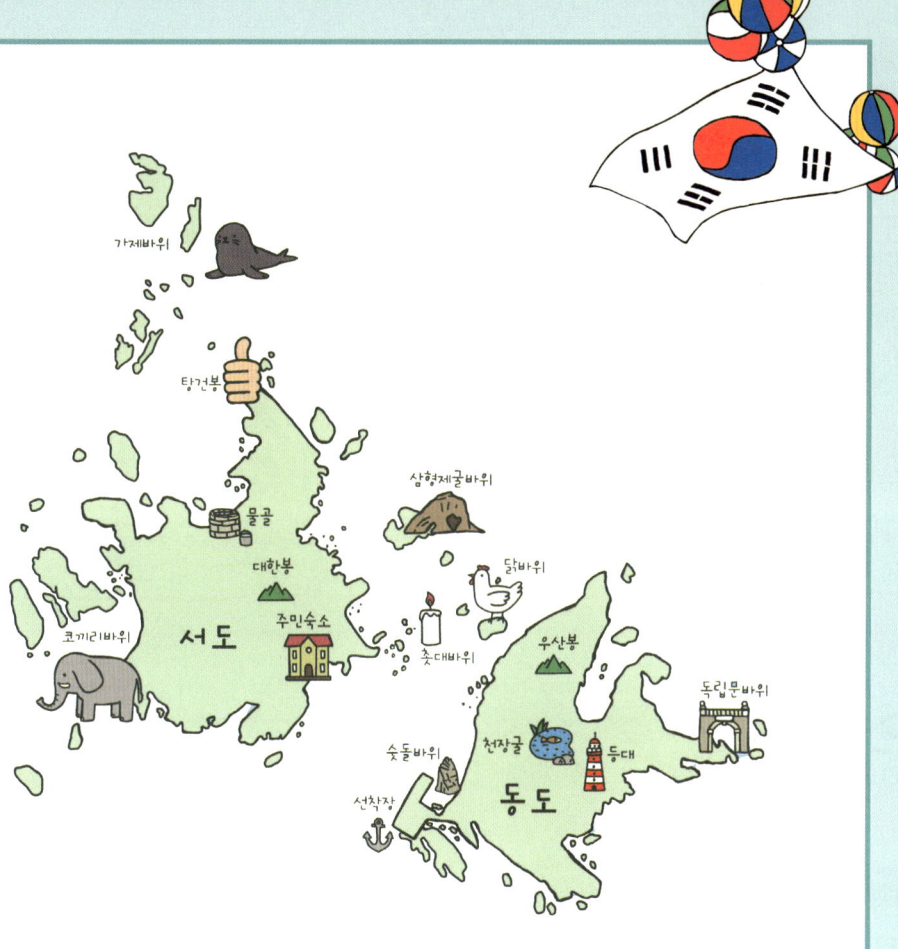

| 제8장 | 우리가 지켜야 할 독도

독도의 날을 기억해 줄래?　　　　　　・124
독도 여행 사진을 올려 줘!　　　　　　・128
독도 노래와 게임을 만들어 봐!　　　　・131

제1장

우리의 땅과 바다 그리고 하늘

여긴 우리 땅이야!

▲ 사자 무리들도 각자의 영역이 있어요. 이를 침범할 경우 큰 싸움이 벌어진답니다.

동물의 왕이라 불리는 사자, 특히 젊은 수사자 한 마리는 여러 마리의 암사자와 새끼와 무리를 이루어 자신이 정해 놓은 땅에서 살아요. 다른 수사자들이 그 땅을 침범하면 맹렬한 싸움을 벌이게 되죠. 우리는 이러한 땅을 영역이라고 불러요. 영역은 동물에게만 있는 것이 아니에요. 우리가 살고 있는 삶의 터전도 영역이라고 해요.

그렇다면 우리가 살고 있는 땅에서 영역은 어떻게 정의하면 될까요? 사전에서는 한 나라의 주권이 미치는 공간적인 범위를 영역이라고 해요. 영역은 땅, 그 앞에 바다, 그리고 그 위의 하늘로 이루어져요. 땅은 영토, 바다는 영해, 하늘은 영공이라고 부르는데요. 이곳은 우리의 허락 없이는 다른 나라에서 절대로 침범할 수 없답니다.

그럼 이제부터 우리나라의 영역, 즉 영토, 영해, 영공에 대해 자세히 알아보도록 해요.

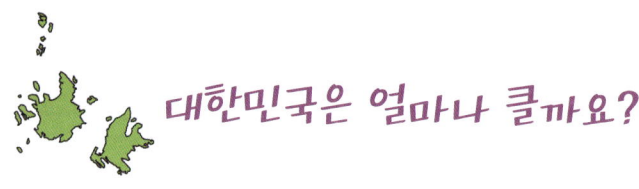

대한민국은 얼마나 클까요?

우리가 살고 있는 대한민국은 얼마나 클까요?

먼저 우리의 영토 범위가 어디까지인지 알려면 우리나라 헌법을 봐야 해요. 대한민국 헌법 제3조에서는 "대한민국의 영토는 한반도와 그 부속 도서로 한다"라고 정의하고 있어요. 즉, 우리나라 영토는 남한뿐만 아니라 북한까지 합친 한반도 전체를 말해요.

우리나라는 바다를 육지로 만드는 간척 사업을 벌였기 때

우리나라와 비슷한 나라들의 면적 비교

문에 예전보다 영토 면적이 늘어났어요. 현재 우리나라의 면적은 약 22만 3천 km^2로 영국, 가나, 루마니아 등의 면적과 비슷해요. 북한은 약 12만 3천 km^2, 남한은 약 10만 km^2 정도로 북한이 남한보다 약간 더 크답니다.

우리나라는 삼면이 바다로 둘러싸인 반도국이어서 주변에 많은 섬이 있어요. 이 섬들도 영토에 해당합니다. 그렇다면 우리나라에는 얼마나 많은 섬이 있을까요? 사람들이 살고 있는 유인도는 약 5백 개, 무인도는 약 2천9백 개로 약 3천4백 개의 섬이 있어요. 그중에서 여러분도 잘 알고 있는 제주도가 가장 큰 섬이에요. 그 다음은 거제도, 진도, 남해도, 강화도, 안면도, 완도, 울릉도 등의 순이랍니다.

# 우리나라 땅은 어디까지일까요?

동서남북으로 우리나라 땅의 끝은 각각 어디일까요?

먼저 우리나라 땅의 북쪽 끝(극북)이라고 하면 대부분 친구들은 '백두산'이라고 답할 거예요. 그런데 북쪽 끝은 백두산이 아니고 유원진이라는 곳이에요. 정확히는 북위 43도에 위치한 함경북도 온성군 유포면 풍서동 유원진이라는 곳에 있어요.

우리나라 땅의 남쪽 끝(극남)은 '제주도'라고 대답을 많이 하는데요. 엄밀히 말하면 북위 33도에 위치한 제주도 남제주군 대정읍 마라리, 즉 마라도에 있어요. 간혹 마라도에서 남쪽으로 꽤나 떨어진 이어도로 대답하기도 하는데요. 사실 이어도는 바다 속에 있는 암초로 섬으로 인정받지 못해 영토가 아니에요.

우리나라 땅의 서쪽 끝(극서)을 아는 친구들은 거의 없어요. 우리에게 잘 알려지지 않은 곳이든요. 서경 124도에 위치한 평안북도 용천군 신도면 마안도라는 섬에 있어요. 마안도는 압록강 하구에 있으며 중국과 국경이 맞닿아 있는데 북한에서는 비단섬이라고 불러요.

그렇다면 우리나라 땅의 동쪽 끝(극동)은 어디일까요? 경상북도 울릉군 울릉읍 독도리, 즉 우리가 잘 알고 있는 독도예요. '독도는 우리땅'이라는 노래 가사에서 나오는 것처럼 독도는 동경 132도에 위치한 섬이랍니다. 정확히는 독도의 동쪽 끝이 우리나라 영토의 동쪽 끝이며 동경 131도 52분 22초예요. 이처럼 동쪽 끝에 있어서 우리나라에서 가장 먼저 해가 뜨는 곳이 독도랍니다.

이어도는 어디에 있어요?

이어도는 '도(島)'가 붙어 있어 섬이라고 생각하는 사람이 많지만, 지리적으로는 바다에 잠겨 보이지 않는 암초랍니다. 제주도 설화에 나오는 전설의 섬 '이어도'로 이름 붙여져 지금까지 불리고 있어요. 이어도의 위치는 북위 32°, 동경 125°이며 우리나라 최남단 마라도에서 약 149km 떨어져 있어요. 중국의 서산다오(余山島)에서는 약 287km, 일본의 도리시마(鳥島)에서는 약 276km 떨어져 있어요.

제1장 | 우리의 땅과 바다 그리고 하늘

▲ 우리나라의 4극은 어디일까요? 남쪽 끝은 마라도 남단, 북쪽 끝은 유원진 북단, 서쪽 끝은 마안도 서단, 동쪽 끝은 독도 동단이랍니다.

# 바다와 하늘, 너희는 어디까지니?

미래 자원의 보고로 알려진 바다. 그래서일까요? 최근 들어서 바다의 중요성이 더욱 커지고 있습니다. 땅에서 벌어지고 있는 다툼만큼 그 갈등이 빈번해지고 있는 곳이 바로 바다예요. 바다의 영토, 즉 영해라고 하는 것은 영토에 인접한 일정한 구역을 말해요. 영해는 영토와 같이 우리나라의 주권이 미치는 범위예요. 이곳에서는 우리의 허락 없이 다른 나라의 어선이나 전투함 등이 절대로 들어올 수 없는 배타적인 권리를 가진답니다.

일반적으로 해수면의 높이가 가장 낮을 때의 해안선을 말하는 최저 조위선(통상 기선)에서 12해리까지를 영해라고 해요. 해리는 배 운항에서 주로 사용되는 길이의 단위인데, 1해리를 미터로 바꾸면 1,852m입니다.

섬이 많은 서해안과 남해안에서는 가장 멀리 떨어진 섬들을 직선으로 이은 직선 기선에서 12해리를 영해로 해요. 반면 상대적으로 섬이 많지 않은 동해에서는 대부분 육지의 해안선인 통상 기선에서부터 12해리를 영해로 해요. 그래서 동해안 영해의 범위가 서해안이나 남해안의 영해 범위보다 작아 보여요.

▲ 서해안과 남해안에서는 직선 기선에서부터, 동해안에서는 통상 기선(최저 조위선)에서부터 12해리까지가 우리의 영해입니다.

　그렇다면 동해안에서 멀리 떨어져 있는 울릉도와 독도는 어떨까요? 울릉도는 울릉도의 해안선에서 12해리, 독도는 독도의 해안선에서 12해리가 영해가 돼요. 여기서에서의 해안선은 통상 기선이에요.
　영공은 우리나라의 주권이 미치는 하늘의 범위예요. 가로로는 영토와 영해를 모두 포함하는데요. 그렇다면 그 높이는 어

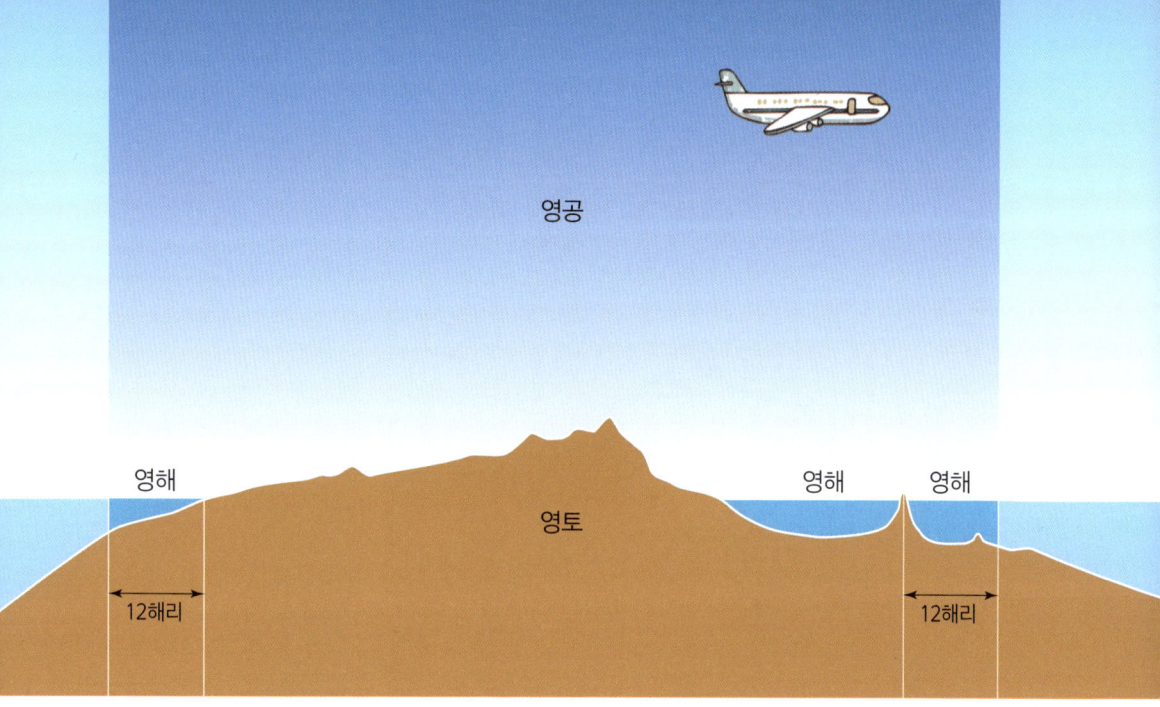

▲ 영공은 영토와 영해 위 상공으로, 일반적으로 대기권까지가 그 범위에 해당해요.

디까지일까요? 사실, 영공의 높이에 대해서는 아직까지 국제적으로 명확히 결정된 것은 없어요. 다만 대기권까지로 보는 경우가 많답니다. 우리의 영공에는 우리 주권이 미치기 때문에 다른 나라의 비행기가 함부로 들어올 수 없어요. 여행객들과 수입 또는 수출하는 물건들을 실어나를 경우에만 인정한답니다. 다른 나라 전투기는 어떨까요? 당연히 전쟁의 위협 때문에 허락 없이 함부로 들어올 수 없어요. 최근에는 인공위성과 미사일 기술의 발달로 인해서 영공의 중요성이 무척 커지고 있답니다.

제2장

배타적 경제수역과 독도

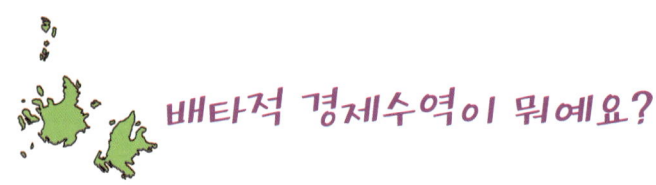

배타적 경제수역이 뭐예요?

배타적 경제수역, 우리에게는 너무 낯선 용어예요. 배타적이라는 말도 어렵고, 경제수역이라는 말도 이해하기가 힘들어. 사전적으로 보면 '배타적'이라는 것은 '남을 배척하는'을, '경제 수역'이라는 것은 '경제적 가치가 있는 바다의 범위'를 의미해요. 쉽게 풀어서, 다른 나라를 배척하고 경제적 가치를 독점할 수 있는 바다의 범위라고 할 수 있어요. 일반적으로 영문

영공　　　　　　　공공

배타적 경제수역
200해리
12해리
영토
영해
영해 기선

Exclusive Economic Zone의 약자인 'EEZ'로 부른답니다.

그렇다면 경제적 가치, 즉 돈이 된다면 어떤 것이 이에 해당할까요? 바다에서 고등어, 명태 등의 물고기를 잡고, 김이나 굴 등을 채취하면 이것이 돈이 될 거예요. 바닷속에서 석유나 천연가스 등의 자원을 탐사하고 채굴하는 것도 되겠죠. 풍력 발전소를 세워서 전기를 생산하거나, 과학기지를 세워 기후 현상이나 환경 탐사 활동을 할 수도 있어요. 결국 배타적 경제수역은 영해만큼이나 그 나라가 바다에 대해 큰 권한이나 권리를 갖는 곳입니다.

배타적 경제수역의 범위는 영해와 비교가 되지 않을 정도로 넓어요. 우리나라의 해안으로부터 200해리(약 370km)까지예요. 영해를 포함하고 있기 때문에 여기서 영해 범위를 빼면 돼요. 삼면이 바다인 우리나라는 꽤 넓은 배타적 경제수역을 가지고 있어요. 그런데 중국과 일본이 조금 더 멀리 떨어져 있었다면 더 넓은 배타적 경제수역을 가졌을 거예요.

배타적 경제수역에서는 국제 협약에 의해서 다른 나라의 화물선, 여객선 등이 자유롭게 이동할 수 있고, 바다 밑에 전선을 설치할 수도 있어요. 반면에 경제적인 이권을 침해하거나 군사적으로 위협할 수 있는 다른 나라의 어선이나 잠수함, 자원탐사선 등은 지나갈 수 없답니다.

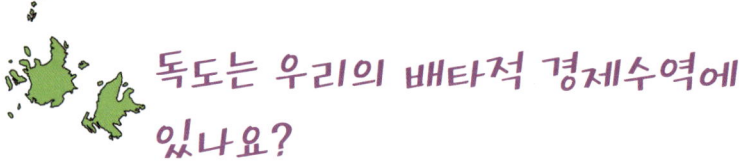
독도는 우리의 배타적 경제수역에 있나요?

　울릉도와 독도는 동해안 쪽 영해 밖에서 자체적으로 영해를 가지고 있다고 했어요. 그렇다면 울릉도와 독도도 우리나라의 배타적 경제수역 안에 있어야겠죠. 그런데 옆의 지도를 보면 울릉도는 우리나라의 배타적 경제수역 안에 포함되어 있는데, 독도는 한·일 중간수역 안에 포함되어 있답니다. 우리나라와 일본이 각자의 배타적 경제수역을 설정하는 과정에서 벌어진 일이에요.

　당연히 우리나라는 독도를 포함해서 좀 더 멀리까지 우리의 배타적 경제수역을 설정했어요. 그런데 일본도 이에 물러서지 않고 독도를 일본의 배타적 경제수역에 포함시켰답니다. 두 나라가 어업 문제 해결을 위해 협정하는 과정에서 배타적 경제수역을 나누지 못해 해결되지 않은 중간수역을 만들게 되었답니다.

　쉽게 말하면, 한·일 중간수역은 한국과 일본 두 나라의 중간에 위치하고 있어 붙여진 이름입니다. 이곳에서는 두 나라 모

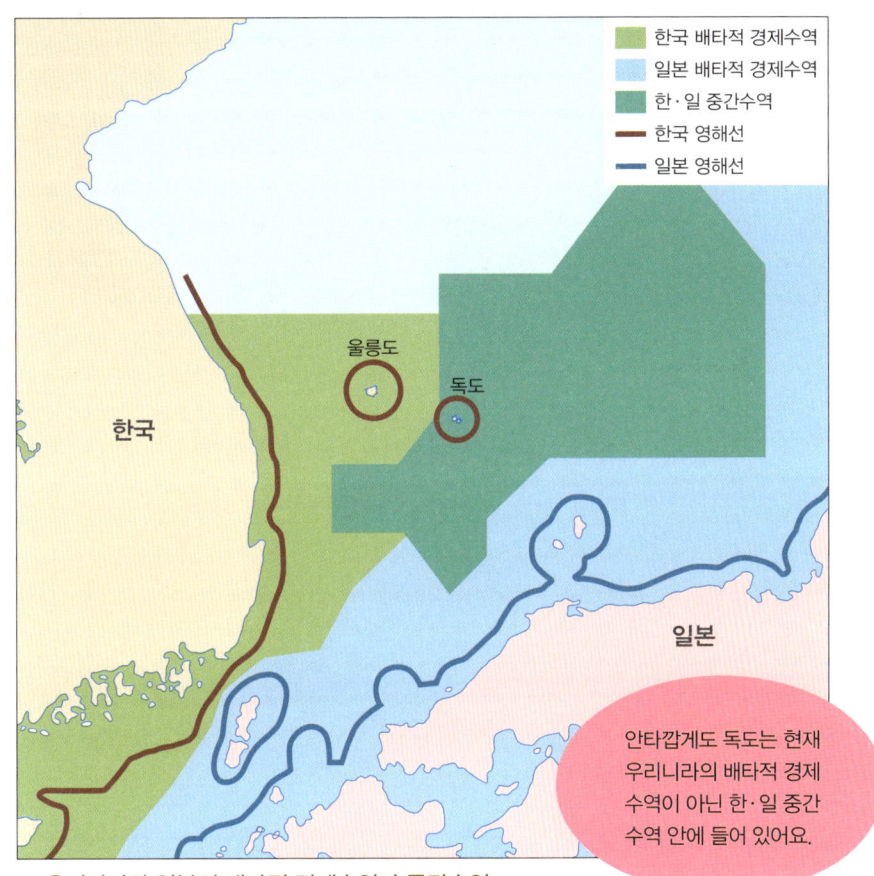

▲ 우리나라와 일본의 배타적 경제수역과 중간수역

두 바다 탐사를 할 수 있고, 두 나라 어민 모두 물고기를 잡을 수 있습니다. 그렇지만 독도가 현재 우리 영토이고, 자체적으로 12해리의 영해를 가지고 있어서 그 안으로는 일본도 절대 들어올 수 없어요.

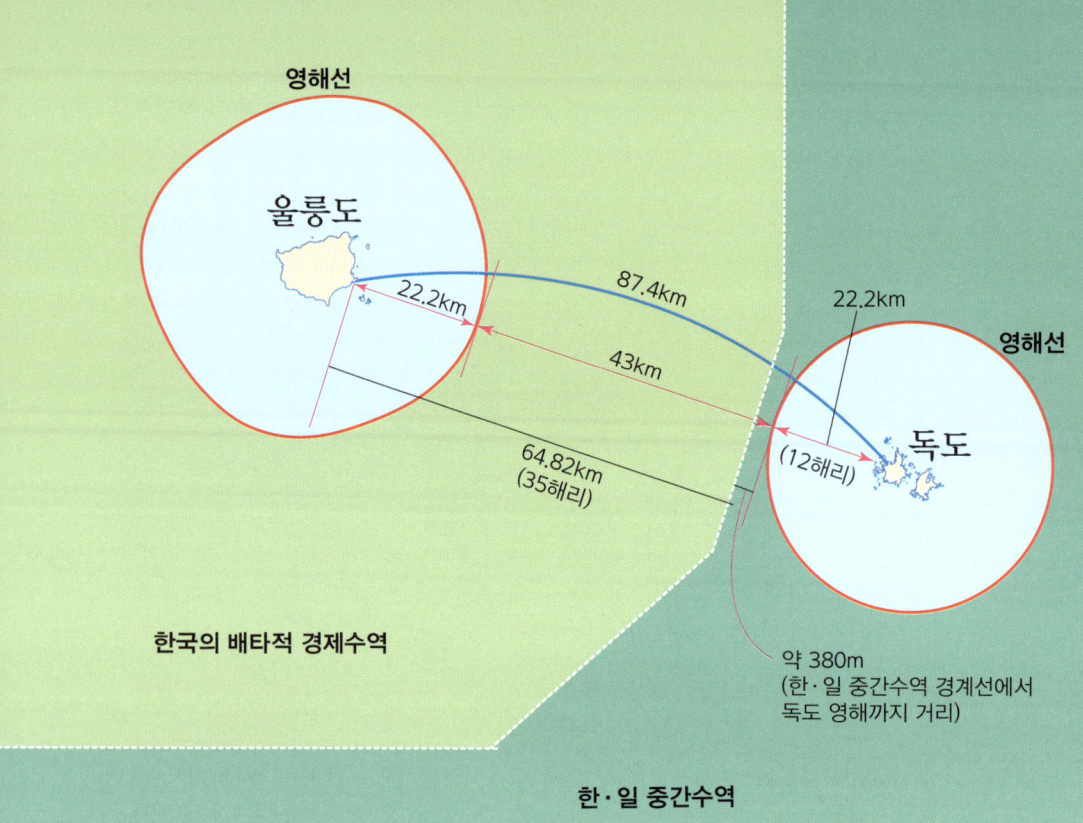

▲ 독도는 자체 12해리를 영해를 가지고 있지만 한·일 중간수역 안에 포함되어 있다.

그런데 안타깝게도 울릉도와 독도 사이에 좁게나마 한·일 중간수역이 있어서 그 사이를 일본 어선들이 자유롭게 돌아다니며 물고기를 잡고 있어요. 하루 빨리 중간수역이 없어지고 독도 밖으로 우리의 배타적 경제수역이 그려지길 바랍니다.

욕심쟁이 나라, 일본

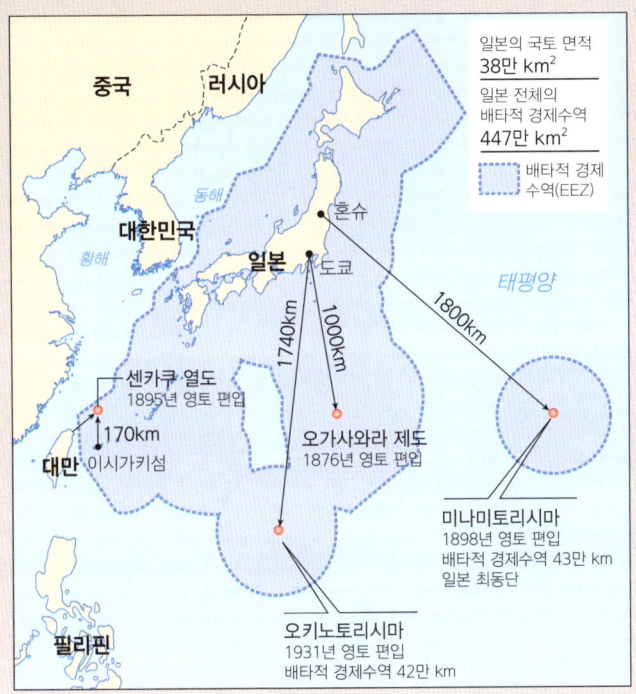

일본은 동쪽과 남쪽으로 거대한 태평양이라는 바다가 있어요. 여기에는 많은 섬이 있는데요. 태평양 한가운데 아주 조그마한 섬 하나만 가지고 있어도 배타적 경제수역이 어마어마해요. 이 섬 하나가 가지는 배타적 경제수역의 면적이 우리 영토보다도 훨씬 더 크답니다. 이렇게 해서 일본의 배타적 경제수역은 영토 면적이 훨씬 더 큰 중국보다도 크답니다.

얼마 전 일본은 섬이 아닌 암초에 엄청난 돈을 들여 인공섬을 조성했어요. 섬도 많고 바다도 넓은데 왜 그랬을까요? 그건 인공섬을 일본의 영토로 주장하고 배타적 경제수역을 선포해 바다 영토를 더 넓히려는 일본의 욕심 때문이에요. 사실 국제 사회에서는 이런 암초를 절대로 섬으로 인정하지 않는데도 불구하고 일본의 야욕은 끝이 없네요.

제3장

독도, 어디에 있을까

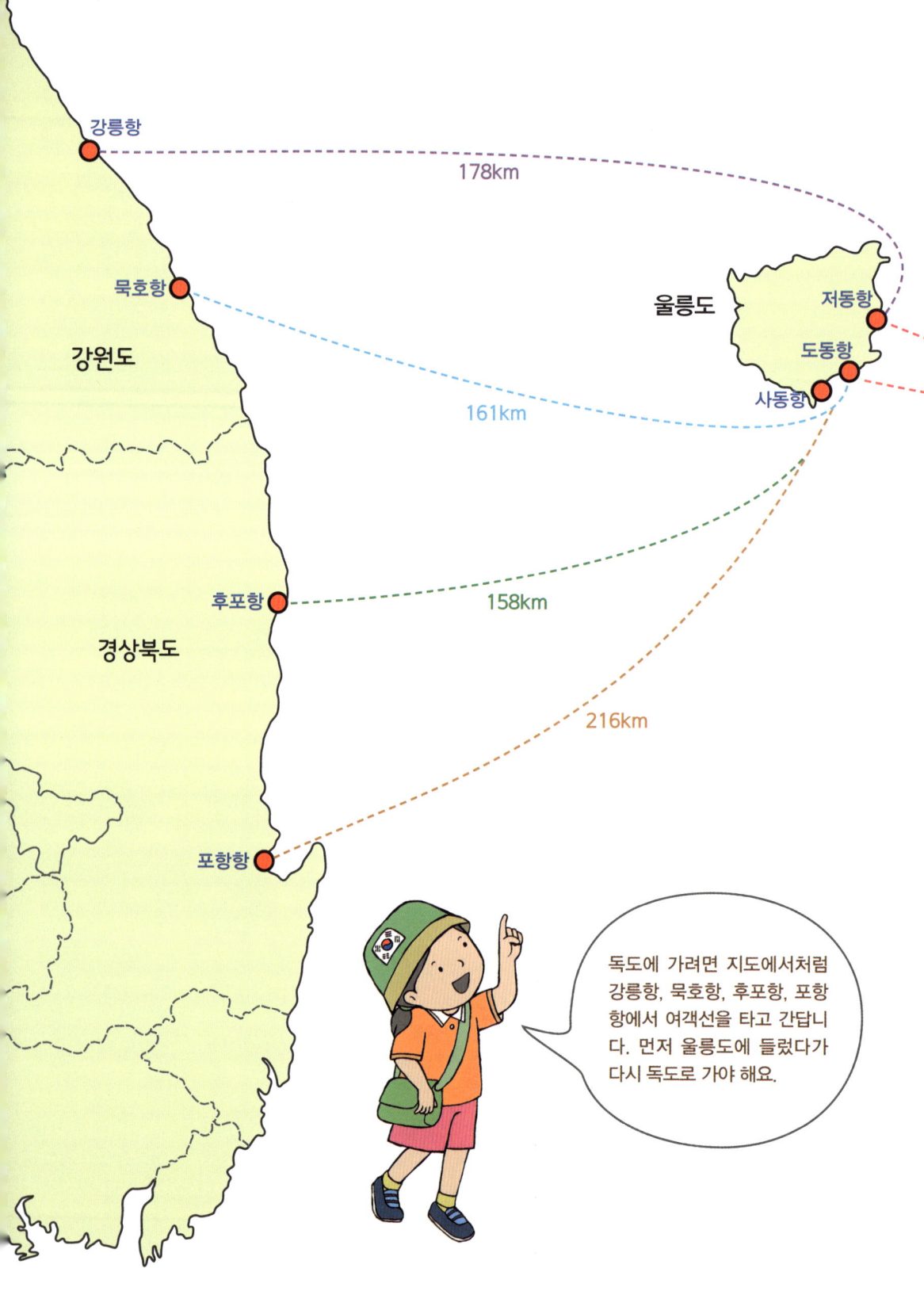

독도, 어떻게 갈까요?

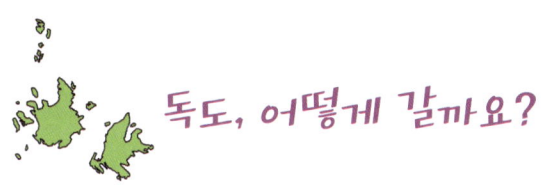

이제 독도로 다같이 떠나 보려고 해요. 독도는 어떻게 갈 수 있을까요?

독도는 섬이기 때문에 차로는 갈 수는 없어요. 독도까지 가는 비행기도 없답니다. 동해안의 항구에서 여객선을 타고 가야 해요. 독도에 헬기장이 있기는 하지만 군사용으로 특별한 경우에만 이용할 수 있어요.

독도에 가는 여객선을 탈 수 있는 항구는 육지에 네 곳이 있어요. 강원도에 있는 강릉항과 묵호항, 경상북도에 있는 포항항, 후포항이에요. 우리 친구들이 살고 있는 곳에서 가장 가까운 항구로 버스나 기차를 타고 가면 돼요. 만약 여러분이 서울, 인천, 경기도 등 수도권 지역에 살면 강릉항과 동해의 묵호항을, 경상도와 전라도 등 남부 지방에 살면 포항항과 울진의 후포항을 이용하면 돼요.

각 항구의 여객선 터미널 매표소에서 청소년 표를 구매하세요. 여객선은 아침부터 일찍 출발하는데 여행을 가는 사람들로 가득해요. 출발 시간이 되자마자 여객선은 동해로 떠나요.

세 시간 정도면 저 멀리 섬 하나가 보이기 시작하는데 바로 울릉도라는 섬이에요. 독도 가는 여객선은 모두 울릉도에 잠시 들른답니다. 파도가 강하면 여객선이 출발하지 않기 때문에 독도 가는 날은 날씨가 무척 중요해요.

울릉도에서 다시 여객선을 타고 동해 망망대해로 떠나요. 두 시간 정도면 저 멀리 우리의 목적지인 독도가 보인답니다. 여객선이 선착장에 들어서기 전부터 해양 경비대원들이 일렬로 서서 우리를 반갑게 맞이해 줍니다.

▼ 독도 선착장에 정박한 배에서 바라본 동도

동경 132, 북위 37

"동경 132, 북위 37"

'독도는 우리땅'이라는 노래 가사 속 독도의 위치예요. 이렇게 위도와 경도로 어떤 곳의 위치를 나타낸 것을 숫자로 표현했다고 해서 수리적 위치라고 해요. 혹시 여러분, 독도의 위치를 다른 방식으로 표현할 수 있을까요? 수리적 위치 외에도 대륙과 바다의 특성으로 설명하는 지리적 위치, 주변과의 관계로 설명하는 관계적 위치가 있답니다. 그럼 각각 어떻게 설명하면 될지 알아보도록 해요.

먼저, 독도의 수리적 위치는 '동경 132, 북위 37'이라고 설명할 수 있어요. 앞에서 얘기했던 것처럼 독도의 경도를 정확히 표현하면 동경 131° 52′ 08″라고 쓰고, '동경 131도 52분 08초'로 읽으면 돼요. 지구본이나 지도를 보면 세로로 그어진 줄을 경도라고 해요. 영국을 기준으로 동쪽 180도까지를 동경, 서쪽 180도까지를 서경이라고 앞에 붙이니 독도가 영국보다 동쪽으로 꽤나 멀리 떨어져 있다는 것을 알 수 있어요. 독도의 위도도 정확히는 북위 37° 14′ 22″라고 쓰고, '37도 14분 22초'로 읽으

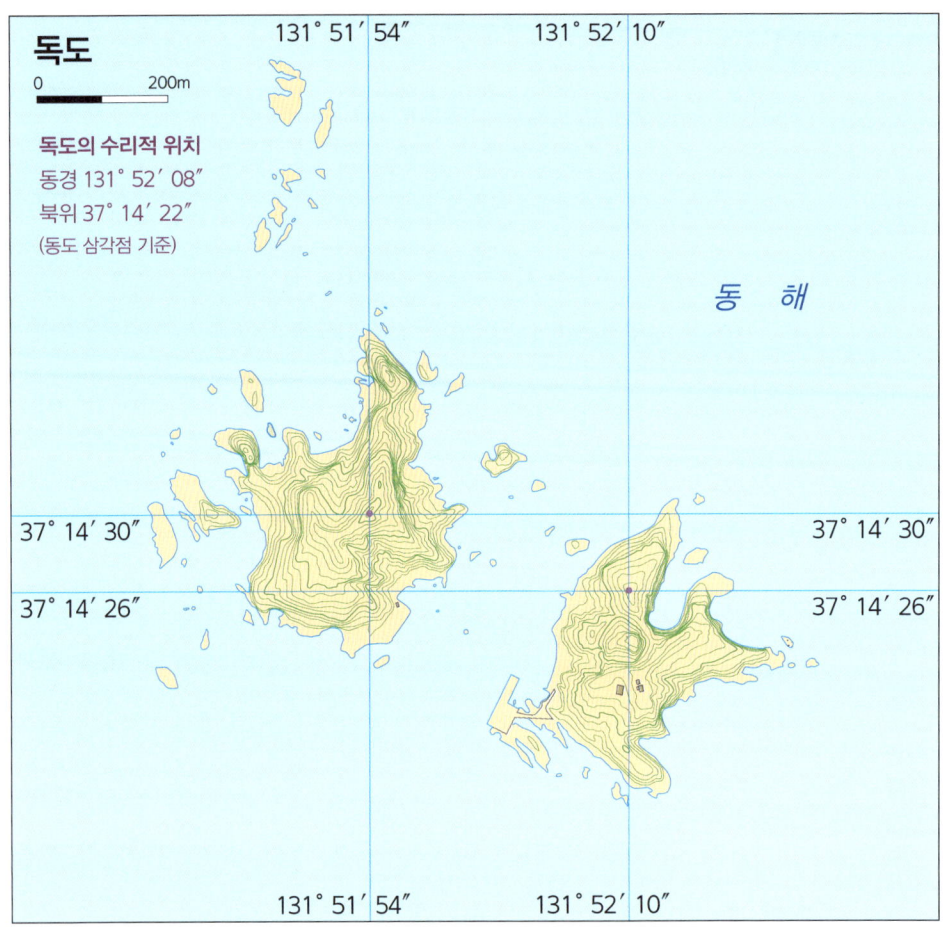

▲ 독도 지도로 본 동도와 서도의 위치

면 돼요. 적도를 중심으로 북극까지는 북위라고 하고, 남극까지는 남위라고 해요. 독도의 위도를 보면 적도에서 북극 사이 온대 기후 지역에 위치하고 있다는 것을 알 수 있어요.

"외로운 섬 하나 새들의 고향"

'독도는 우리 땅'이라는 노래 가사의 한 부분이에요. 이 가사 때문에 독도가 정말 섬이 하나라고 생각하는 친구들이 많아요. 사실 독도는 하나로 이루어진 섬도 아니고, 외로운 섬도 아니에요. 동도와 서도 두 개 큰 섬으로 이루어져 있어요. 서로 친구처럼 기대고 지내는 행복한 섬이랍니다. 아무튼 동도와 서도는 각자 경도와 위도, 즉 좌표가 있답니다. 동도는 동경 131°52′10″, 북위 37°14′26″에, 서도는 동경 131°51′54″, 북위 37°14′30″에 자리 잡고 있어요.

지리적 위치와 관계적 위치란?

독도의 지리적 위치는 대륙과 바다의 관계와 영향으로 설명할 수 있어요. 독도는 동해의 한가운데 위치하고 있어 서울과 같은 내륙 지역보다 해양의 영향을 많이 받아요. 그래서 상대적으로 연중 온화한 해양성 기후를 보여요. 겨울에 독도는 서울보다 기온이 높아 따뜻해요. 하지만 바다에서 불어오는 바람이 너

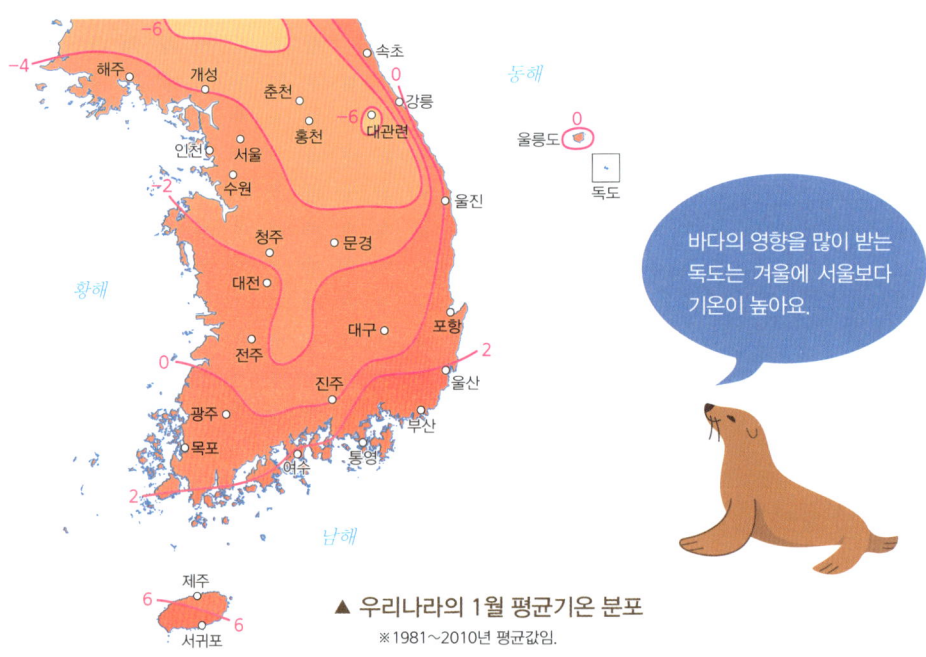

▲ 우리나라의 1월 평균기온 분포
※ 1981~2010년 평균값임.

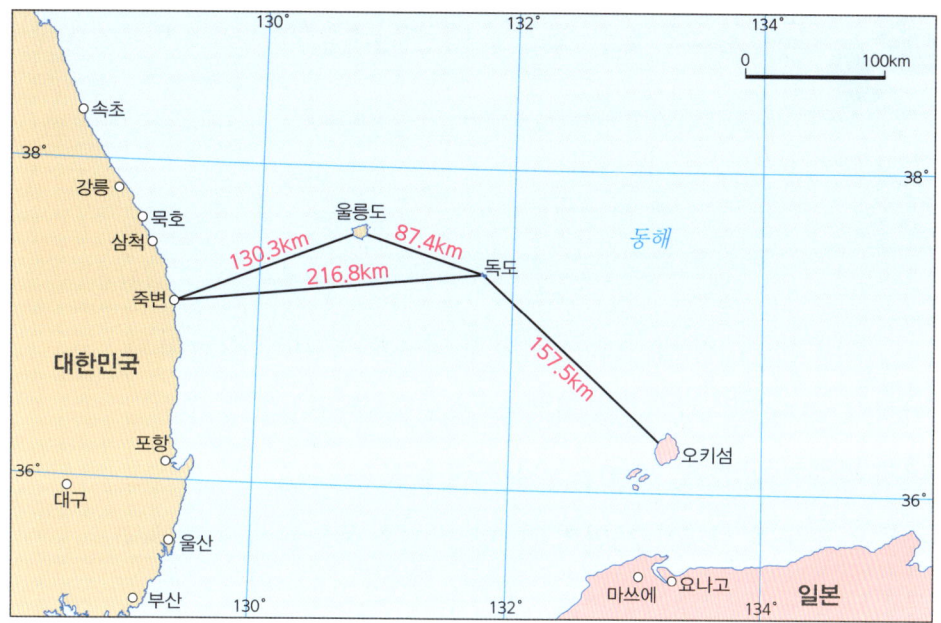

▲ 독도는 울릉도에서는 87km가 떨어져 있고, 일본의 오키섬에서는 157km가 떨어져 있어요.

무 세서 밖에 있으면 춥답니다.

　독도의 관계적 위치는 주변 지역이나 주변 국가와의 관계로 설명할 수 있어요. 관계적 위치는 시대와 상황에 따라 변하기도 해요. 울릉도에서 약 87.4km 거리에 있는 독도는 오래 전부터 울릉도와 가까워 우리 영토였던 곳이에요. 일본의 오키섬에서는 157.5km나 떨어져 있어서 보이지도 않았던 섬이랍니다. 안타깝게도 일제 강점기에 잠시 우리 영토와 함께 식민 지배하에 놓이기도 했었지만 독립 이후부터는 지금까지 온전히 우리 땅으로 사랑을 받고 있어요.

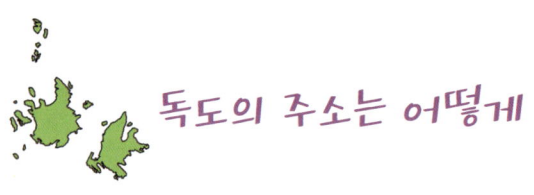
독도의 주소는 어떻게 될까요?

우리 친구들의 집 주소는 어떻게 되나요? 아마도 간단히 줄여서 '□□시/군 ○○길'일 거예요. 독도도 우리나라 땅이니 당연히 주소가 있겠죠. 2000년 이전까지 독도는 '경상북도 울릉군 울릉읍 도동리 산 42-76번지'였어요. 그 후 독도는 도동리에서 분리되어 '독도리'가 되었어요.

2011년부터는 국민 응모를 거쳐 독도의 새 도로명 주소가 만들어졌답니다. 동도는 지금의 울릉도와 독도인 우산국을 점령한 신라 장군 이사부에서 '독도이사부길'로, 서도는 조선 숙종 때 울릉도와 독도가 조선 땅임을 일본 막부가 인정하도록 활약한 어부 안용복에서 '독도안용복길'로 이름 붙여졌어요.

그리고 독도에 있는 주요 건물에도 번호가 붙여졌는데요. 동도에 있는 독도 등대 주소는 '경북 울릉군 울릉읍 독도이사부길 63', 독도경비대 주소는 '경북 울릉군 울릉읍 독도이사부길 55'가 되었어요. 서도에 있는 주민 숙소 주소는 '경북 울릉군 울릉읍 독도안용복길 3'이 되었어요. 우리 친구들도 독도의 길 주소를 인터넷 검색창에서 쳐 보세요.

독도 등대
경상북도 울릉군 울릉읍 독도이사부길 63

독도경비대
경상북도 울릉군 울릉읍 독도이사부길 55

주민 숙소
경상북도 울릉군 울릉읍 독도안용복길 3

▲ 독도 주요 시설물의 도로명 주소

독도의 날씨는 어떨까요?

앞에서 독도의 수리적·지리적 위치를 통해서 독도는 일년 내내 해양의 영향을 받아 대륙의 영향을 받는 중부 내륙 지방보다 온화하다고 했어요. 그럼 구체적으로 독도의 기후는 어떤지 알아볼까요?

"동경 132, 북위 37, 평균 기온 12도, 강수량 1300"

독도의 기후는 '독도는 우리 땅'이라는 노래 가사에도 잘 나타나 있어요. 최근에는 현재의 기후를 반영하여 '평균 기온 13도, 강수량은 1800'으로 가사가 바뀌었어요. 그런데 이 가사도 수정을 해야 해요. 왜냐하면 독도가 울릉도에 속해 있어 그동안은 울릉도 것을 사용한 것이거든요.

지금은 독도에도 기상 관측 시설이 있어서 독도 기후 자료가 있답니다. 독도의 연평균 기온은 14℃로 울릉도 13℃보다 1℃가 높아요. 연평균 강수량은 약 620mm로, 울릉도 1800mm보다 훨씬 적답니다. 겨울철인 1월에 파도가 가장 높고 여름철의 시작인 6월경에 파도가 가장 낮아요. 독도의 새로운 기후 자료를 찾아보고 직접 '독도는 우리땅'의 가사를 바꾸어 봐요.

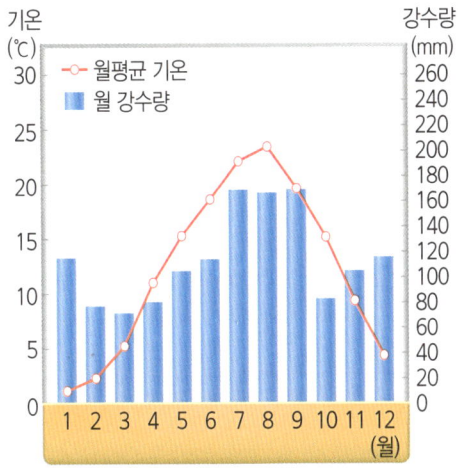

◀ 울릉도의 기온과 강수량

독도의 기온과 강수량 ▶

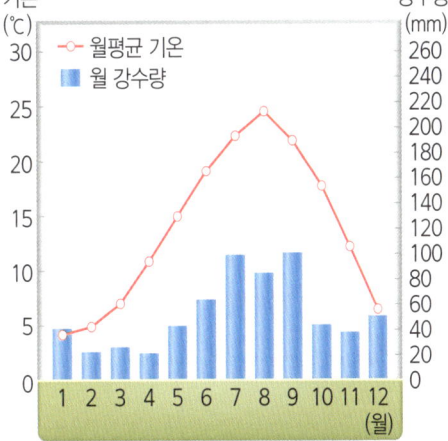

독도는 울릉도보다 겨울철 평균기온이 3℃ 정도 더 높아서 따뜻해요. 울릉도는 사계절 내내 강수량이 일정한 편이에요. 특히 겨울철과 여름철에 많은 눈과 비가 내려요. 울릉도에 비하면 독도의 강수량은 매우 적은 편이에요.

제4장

쌍둥이 섬 독도와 바위 친구들

신비로운 독도의 탄생

　백두산이나 제주도, 울릉도와 같이 독도도 화산 활동으로 만들어진 섬이에요. 크기가 작아서 울릉도의 막내 동생처럼 보이지만 바닷속에 들어가 보면 웅장한 규모를 자랑한답니다. 바닷속 독도는 높이가 무려 2,000m에 달하는 거대한 화산체로 제주도의 한라산과 비슷해요.

　그렇다면 독도는 어떻게 만들어졌을까요? 그 신비로운 탄생은 백두산, 제주도 등과 같이 신생대에 일어났어요. 먼저 동해 바다 한가운데서 평평한 방패 모양의 화산이 만들어졌는데 그

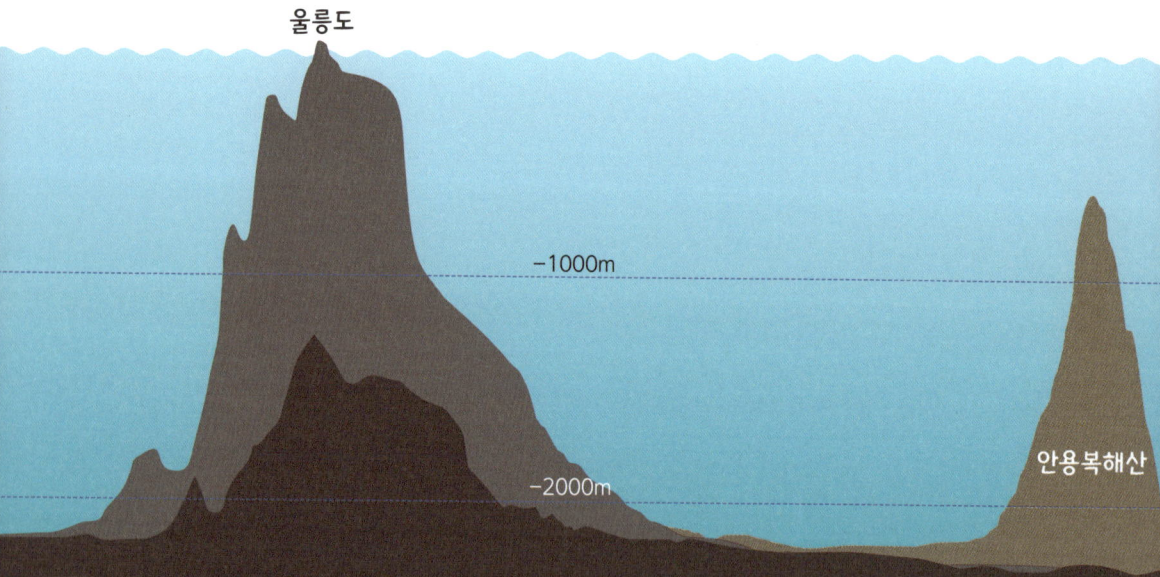

과정에서 여러 차례 폭발이 있었어요. 이후 화산 꼭대기에서 또다시 큰 폭발이 일어났고, 점차 화산 활동이 멈추면서 화산섬이 되었어요. 그리고 동해의 거센 파도의 침식 작용으로 지금의 모습을 갖추게 되었다고 해요.

동해 바닷속에는 바다 위로 드러나지 않은 산들이 많아요. 바닷속에 있다고 해서 해산이라고 해요. 울릉도와 독도 사이에는 안용복해산이 있고, 독도 동쪽으로는 심흥택해산과 이사부해산이 있어요. 신라 때 지금의 울릉도와 독도인 우산국을 정복하여 우리 땅으로 만든 장군 이사부, 대한제국 당시 일본의 독도 침탈을 항의한 울릉군수 심흥택, 조선시대 일본에 가서 독도가 우리 영토임을 직접 확인한 안용복의 이름을 땄어요.

바다 위로 드러난 독도는 아주 작은 섬이지만 바닷속으로 깊이 들어가면 정말 거대한 화산입니다.

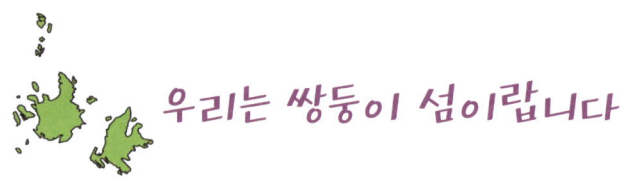
우리는 쌍둥이 섬이랍니다

앞에서 이야기한 것처럼 독도는 두 개의 큰 섬으로 이루어져 있어요. 마치 쌍둥이처럼 서로를 마주하고 있답니다. 하지만 쌍둥이라고 해도 생김새는 서로 다른 이란성 쌍둥이랍니다. 동쪽에 있는 것을 동도, 서쪽에 있는 것을 서도라고 불러요.

동도는 우리나라 영토에서 가장 동쪽 끝에 있는 섬이에요. 해가 가장 먼저 뜨니 우리나라의 첫 시작을 여는 섬이라고 할 수 있어요. 둘레는 3km, 면적은 축구장의 10배가 넘는 7만 3천 m^2

▲ 우리나라 동쪽 끝에 있는 섬 '동도'

예요. 가장 높은 봉우리는 우산봉이에요. 높이는 98m로 50층 정도의 아파트와 비슷해요. 동도는 대부분 마그마가 땅을 뚫고 분출하거나 그 표면 가까이에서 굳은 화산암으로 이루어져 있어요. 바위로만 되어 있을 것 같지만 흙도 있어 여러 식물이 서식한답니다. 서도에 비해 평평한 곳들이 많아서 선착장을 비롯하여 독도경비대 숙소와 등대가 있어요.

서도는 동도보다 커서 그 면적이 약 8만 8천 m^2랍니다. 독도에서 가장 높은 봉우리 대한봉(약 168m)과 탕건봉(약 98m) 이렇게 두 봉우리가 있어요. 전체적으로 경사가 급해서 건물을 세우기는 어려워요. 그래서 해안가 절벽 아래 조그마한 주민 숙소 하나만 있어요.

▲ 독도에서 가장 큰 섬 '서도'

하늘에서 본 독도의 모습

독도의 바위 친구들

독도에는 동도와 서도 이 두 개의 섬만 있는 것은 아니에요. 동도와 서도 주변으로 89개의 바위들이 있어요. 큰가제바위, 작은가제바위, 지네바위, 넙덕바위, 군함바위, 보찰바위, 삼형제굴바위, 촛발바위, 촛대바위, 숫돌바위, 부채바위, 얼굴바위, 독립문바위, 한반도바위, 코끼리바위, 닭바위, 물오리바위, 해녀바위, 미역바위 등이 있어요. 바위들마다 제각각의 사연들로 이야기꽃을 피운답니다.

가제바위는 가제가 살아서 이름 붙여졌는데요. 여기서 '가제'는 냇가에 살고 있는 집게발 달린 가재가 아니라 바다에 사는 강치(바다사자를 일상적으로 일컫는 말)의 옛말이에요. 큰가제

▼ 가제바위

▲ 독립문바위

◀ 코끼리바위

바위와 작은가제바위 모두 강치들이 살았던 곳이랍니다.

지네바위는 다리 여러 개 달린 절지 동물 지네에서 따온 이름처럼 보여요. 그런데 사실은 지네와는 상관이 없고 '이진해'라는 어민 이름에서 온 것이랍니다. 진해라는 어민이 여기에서 미역을 많이 채취했었다고 해요. 바위 이름이 무척 재미있죠.

아치 모양으로 생긴 바위도 있는데요. 바위 형태가 독립문을 닮았다고 해서 그대로 이름 붙여진 독립문바위도 있고, 코끼리가 코를 바다에 박고 있는 것 같다고 해서 코끼리바위라고 이

▲ 숫돌바위   ▲ 한반도바위

름 붙여진 바위도 있어요.

　선착장과 동도 사이에서는 독도의용수비대가 칼을 갈기 위해 숫돌로 사용했다고 해서 이름 붙여진 숫돌바위를 볼 수 있고, 독도 등대 부근 북서쪽 사면에서는 우리나라를 닮은 한반도바위를 볼 수 있습니다.

　먼 바다에서 보면 부채를 편듯한 모습에서 이름 붙여진 부채바위, 툭 튀어나온 곳을 의미하는 울릉도의 방언 '촛발'에서 이름 붙여진 촛발바위, 하나의 바위에 세 개의 굴이 뚫려 있어 삼형제가 서로 머리를 맞대고 기대어 서 있는 듯한 삼형제굴바

▲ 부채바위

▲ 촛발바위

▲ 삼형제굴바위

위, 사람의 얼굴을 닮은 얼굴바위, 닭이 알을 품고 있는 모습을 한 닭바위, 물오리 서식지로 알려진 물오리바위, 오래 전에 해녀들이 쉬었던 곳인 해녀바위, 미역 채취를 많이 했던 미역바위 등이 있답니다.

▲ 얼굴바위

 ## 둥근자갈 해안과 구멍 뚫린 바위

독도 주변은 파도가 센 곳이에요. 철썩철썩 파도가 바위에 부딪치면서 여러 가지 모양이 만들어져요. 바위 속 깊이 동굴도 만들어지고, 도넛 모양의 아치도 만들어져요. 숫돌바위나 부채바위 역시 파도의 침식 작용으로 만들어졌는데요. 우리는 이것을 시스택이라고 해요. 그리고 파도에 의해 만들어진 동굴은 해식동, 독립문바위는 시아치라고 해요.

동도와 서도 사이 파도가 약한 곳에는 자갈들이 쌓여 있는 몽돌 해안이 있어요. 순수 우리말인 '몽돌'은 모가 나지 않은 돌을 말하는데 파도에 의해 돌들이 서로 부딪치면서 동글동글해진 거랍니다. 몽돌 해안으로 들어가서 돌도 만져 보고 바닷물에 발도 담가 보면 좋겠지만 소중한 독도의 환경이 훼손될 수 있어서 들어갈 수는 없어요.

몽돌 해안을 보다가 고개를 들어 동도 절벽을 보면 숭숭 뚫린 구멍들이 볼 수 있어요. 타포니라는 지형이에요. 마치 미사일 폭격을 받은 듯해 보여요. 이건 염분이 있는 수분이 바람에 의해 바위틈으로 들어와 수분은 증발되고 소금 결정이 커지면서 돌

▲ 동도의 몽돌 해안

▲ 동도의 타포니

들이 떨어져 나가게 된 것이랍니다. 이 구멍들은 괭이 갈매기를 비롯해 독도를 찾는 새들의 훌륭한 서식지가 되고 있어요.

동도 정상 부근에는 아래로 움푹 파인 거대한 굴이 하나 있어요. 천장굴이라고 이름 붙여진 이 굴은 100m 아래 바다와도 연결돼요. 화산 폭발로 만들어진 구멍인 분화구라고 설명하는 경우도 있는데, 이것은 사람들 사이에서 잘못 알려진 것이에요. 이 굴은 오랜 침식 작용으로 뚫린 것이랍니다.

침식 작용으로 만들어진 수직 동굴이에요.

▲ 천장굴

제5장

독도 강치와 친구들

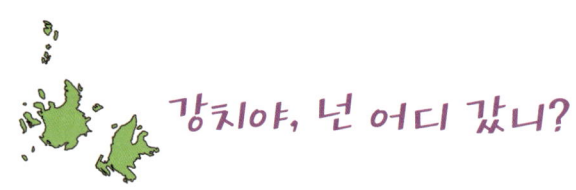 ## 강치야, 넌 어디 갔니?

　최근 울릉도에서 평소 보기 힘든 해양 동물이 나타나 어부들이 사라진 강치가 아닌지 흥분을 감추지 못했던 일이 있었어요. 하지만 안타깝게도 이 동물은 강치가 아닌 멸종 위기 2등급인 북방물개로 밝혀졌답니다. 19세기 초만 해도 3만 마리가 넘던 강치는 대체 어디로 사라진 걸까요?

　독도는 옛날부터 다양한 이름으로 불려졌는데, 조선시대에는 멀리서 보면 3개의 봉우리로 보인다고 하여 '삼봉도'라고도 했어요. 그런데 삼봉도와 관련하여 재미있는 이야기가 하나 전해지고 있어요. 조선 성종 시절 무거운 세금을 피하려는 사람들이 삼봉도로 도망쳤다고 해요. 이에 나라에서는 도망친 사람들을 잡으러 관리를 파견했는데, 뱃길이 사나워 쉽게 삼봉도에 가질 못했어요. 몇 번의 시도 끝에 결국 근처까지 갔으나 3개의 봉우리와 기이한 울음소리, 사람의 형태를 한 30개의 형상이 무서워 배를 정착하지도 못하고 돌아왔다고 해요.

　지금의 독도를 보면 동도와 서도 그리고 수많은 작은 섬들로 이루어져 있으니, 멀리서 보면 3개의 봉우리로도 보였을 것

같아요. 그리고 기이한 울음소리와 사람의 형태를 한 무언가는 아마 강치가 아닐었을까요? 조선시대에도 강치가 독도에 많이 살았다는 걸 이야기를 통해서 알 수 있는 부분이에요. 이후 그 수를 알 수 없을 정도로 강치가 많이 산다고 하여 독도를 '가제도'라고 불렀어요. 섬 이름을 강치섬, 즉 '가제도'라고 부를 정도면 얼마나 많은 수의 강치가 살았는지 짐작할 수 있을 거예요.

강치는 200만 년 전 캘리포니아 바다사자에서 분화된 바다사자의 한 종류로 태평양을 건너 동해 바다로 들어왔고, 독도와 울릉도, 쿠릴 열도 등 동북아 바다를 터전으로 살았어요. 동해는 찬 해류와 따뜻한 해류가 서로 만나는 곳이라 해산물이 풍부하고 어패류가 많이 서식하는 지역이에요. 강치는 먹을 것이

풍부한 바닷속에서 사냥하고, 너른 가제바위에서 새끼를 낳으며 점점 그 수가 늘어났어요. 물에 살지만 폐 호흡을 했던 강치들은 숨을 쉬거나 출산하기 위해 수시로 뭍에 나왔어야 했기 때문에 독도의 자연환경은 강치들이 살기에 최적의 장소였지요. 수컷 강치의 몸길이는 2.5m 내외로 컸고, 무게도 450~560kg이나 나갔다고 해요. 독도 강치는 특히 몸길이가 길고 황갈색의 털을 가지고 있었어요. 이렇게 100여 년 전 만 해도 독도에서 살아가던 수많은 강치는 현재 멸종 동물로 지정되어 지구상에서 흔적을 찾아볼 수 없어요.

▲ 박제 상태의 독도 강치

강치가 사라진 이유는 일본 시네마현에 살던 '나카이 요자부로'라는 일본 어부로부터 시작해요. 일본 어부들이 강치를 잡아 돈을 벌고 있다는 이야기를 듣고, 나카이도 강치를 잡으러 독도에 갔어요. 나카이는 평소 여러 나라를 돌아다니며 해삼, 전복 등을 잡았지만 돈이 되지 않자 강치잡이로 눈을 돌렸던 거예요. 강치는 가죽의 품질이 소가죽보다 질기고 좋아서 구두, 가방 등 여러 사치품을 만드는 데 사용되었어요. 가격도 소의 열 배나 되었기 때문에 일본 어부들은 강치를 잡으려 혈안이 되었답니다. 하지만 독도는 대한제국의 영토였기 때문에 독도에서 정식으로 어업을 하려면 대한제국 정부에게 어업권을 신청해야 했어요. 나카이는 고민 끝에 대한제국 정부에 어업권을 신청하는 대신 독도를 일본 영토로 병합해 달라는 내용의 문서를 일본 정부에게 제출하였어요. 그리고 강치 사업을 위해 10년 동안 독도를 대여해 달라는 요청도 빼놓지 않았죠. 이 청원서를 받은 일본 정부는 독도의 불법 편입을 결정하였고 독도의 이름을 '죽도'로 바꿨어요. 이렇게 강치잡이를 독점할 수 있게 된 나카이는 독도 주변에서 강치의 무자비한 남획을 시작했어요. 나카이가 독점하기 전에 강치 어획량은 매년 암컷 50마리, 수컷 700마리, 새끼 50마리로 제한했지만, 나카이의 독점 이후 강치 어획량은 한 해에 암컷 650마리에 다다랐다고 해요. 이후에는 그 수를 셀 수조차 없이 남획되어 결국 강치는 수백 마리밖에 남지 않게 되었어요.

그나마 남아 있던 수백 마리의 강치는 1948년 한국전쟁 당시 또다시 참혹한 죽음을 맞이하게 되었어요. 러시아와 대립 중이던 미국이 독도를 미군의 해상 폭격 연습장으로 지정하면서 예고도 없이 폭탄을 투하했기 때문이에요. 폭탄 투하는 이후 1952년 또 한 차례 반복되었어요. 동해를 둘러싼 냉전 시대의 희생양이었던 독도, 그리고 독도를 터전으로 삼아 살아가던 독도 강치는 이로써 아예 흔적을 감추고 말았답니다.

알록달록 바닷속 친구들

    동해 한가운데 위치한 독도는 난류와 한류가 서로 만나 독특한 해양 생태계를 이루는 곳이에요. 따뜻한 해류를 난류, 차가운 해류를 한류라고 해요. 난류와 해류가 서로 만나는 길목에 위치한 독도 때문에 해류는 심한 소용돌이를 만들게 돼요. 소용돌이는 바다 밑바닥에 쌓여 있는 '영양염'이라는 일종의 바다 비료가 수중으로 떠오르게 하는 역할을 해요. 영양염은 해양 플랑크톤의 먹이가 되는데 영양염을 잘 먹고 자란 플랑크톤은 또다시 여러 해양 생물의 먹이가 된답니다. 이러한 현상으로 인해 독도 바다는 해양 생물이 잘 자랄 수 있는 천혜의 해양 생태계를 갖출 수 있었어요.

    바다는 굉장히 넓어요. 동해 바다만 해도 남한 면적의 10배 정도의 크기라고 해요. 따라서 육지에 사는 생물들만큼이나 바닷속 생물들도 그 종류가 다양하고 양도 훨씬 많아요. 독도를 둘러싼 바닷속에는 특히 다양한 무척추동물들이 서식하고 있어요. 국제학술지에 따르면 독도에 사는 해양 무척추동물이 578종에 달하고 조사 때마다 새로운 종이 추가된다고 해요. 이것은

> ### 해양 무척추동물이란?
>
> 해양 무척추동물은 바다나 해양 환경에서 서식하는 척추동물이 아닌 모든 동물을 의미해요. 이러한 동물들은 다양한 형태와 크기를 가지고 있고, 해양 생태계의 다양성과 안정성을 유지하는 데 중요한 역할을 한답니다. 해양 무척추동물은 식물을 분해시키거나 먹이 사슬의 일부가 되어 해양 서식지를 구축하는 등의 다양한 기능을 하고 있어요.

해양 생물의 다양성이 세계적인 수준이라는 것과 함께 독도 바다가 얼마나 깨끗하고 건강한 상태인지를 보여 주는 근거가 되고 있어요.

　독도 바다에는 무척추동물뿐만 아니라 산호류, 해조류, 어류 등도 살고 있어요. 독도에는 어떤 해양 생물들이 살고 있는지 살펴볼까요?

　먼저 독도에 사는 흰갯민숭달팽이에 대하여 알아보도록 해요. 갯민숭달팽이는 껍질이 없는 달팽이이에요. 육지에 사는 달팽이들은 적을 만나면 단단한 껍질 속으로 숨어 몸을 지키는데 단단한 껍질이 없는 바닷속 민달팽이들은 독특한 점액 물질을 내뿜어 몸을 지킨다고 해요. 보통 몸의 색깔이 화려한 동식물은 독을 가지고 있다고 해요. 흰갯민숭달팽이 역시 하얀색 바탕에 선명한 노란색의 테두리와 검정색 점들이 찍혀 화려한 겉모습을 하고 있답니다. 흰갯민숭달팽이 꼬리 부분에는 털이 돌출되어 있는 것처럼 보이는데 이것은 털이 아니라 바닷속에서 숨을 쉴 수 있게 해 주는 아가미예요. 물고기처럼 아가미를 통해 바닷속 산소를 흡수하여 호흡을 할 수 있어요. 아가미 반대편에는 뿔처럼 두 개의 돌기가 있는데 먹잇감이나 적의 위치 등을 감지할 수 있어요.

▲ 흰갯민숭달팽이(출처: 국립생물자원관)

　독도 전 연안에서 서식하는 거북손은 거북이 손 모양을 닮았다 하여 붙여진 이름이에요. 머리 부분은 삼각형 모양의 판이 여러 장 붙어있고 표면에는 나무의 나이테와 같은 성장선이 뚜렷하게 나타나 있어요. 거북손은 파도와 조류가 쎈 바위틈에서 군락을 이루고 있어요. 독도의 거북손은 크기가 크고 맛이 좋아 인기랍니다.

　유착나무돌산호는 독도 바다 수심 20m에 큰 군락지를 이루고 있는 단단한 산호예요. 깨끗한 바닷속 암벽에 붙어 서식하는데 밝은 주황색을 띠고 원통 모양의 가지가 돋보이는 모습을 하고 있어요. 유착나무돌산호는 나무 모양이어서 식물처럼 보이지만 사실 플랑크톤을 잡아먹는 동물이랍니다. 어떻게 나무

▲ 거북손(출처: 국립생물자원관)

▲ 유착나무돌산호(출처: 국립생물자원관)

처럼 생긴 산호가 플랑크톤을 잡아먹을 수 있냐구요? 산호 몸 앞부분이나 가지 끝부분을 살펴보면 돌기 모양의 촉수를 볼 수 있어요. 이 촉수를 사용하여 물속 플랑크톤을 잡아먹는 것이랍니다. 유착나무돌산호는 매우 느리게 성장하기 때문에 모양이 예쁘다고 꺾어서 훼손하면 회복하는 데 오랜 시간이 걸려요. 우리가 잘 지켜야 하는 독도 생물 가운데 하나랍니다.

다음은 해조류를 살펴보도록 해요. 독도에는 감태, 미역, 대황 등의 해조류가 많이 자라고 있어요. 우리나라의 천연기념

▲ 대황(출처: 국립생물자원관)

▲ 감태(출처: 국립생물자원관)

물 가운데 하나인 대황은 미역의 한 종류로 수심이 점점 깊어지는 해역에서 볼 수 있어요. 대군락을 이루며 자생하는데 식용으로도 사용된다고 해요.

감태 역시 대황과 마찬가지의 환경에서 자라는 미역의 한 종류예요. 우리나라에서는 전통적으로 아기를 낳은 산모가 미역국을 많이 먹었어요. 그 이유는 미역 속에 들어 있는 성분이 몸속 노폐물을 흡수하여 배설시키고, 피를 깨끗하게 만들어 혈액 순환을 통해 빨리 회복할 수 있게 도와주기 때문이라고 해요. 독도 바닷속에는 이처럼 미역과의 해조류가 자랄 수 있는 환경이 잘 조성되어 있답니다.

바닷속에 사는 말은 무엇일까요? 맞아요. 바로 해마예요. 말과 비슷하게 생겼다 하여 '해마(바다의 말)'라는 이름을 갖게

▲ 해마(출처: 국립생물자원관)

▲ 혹돔(출처: 국립생물자원관)

되었지만, 사실 해마는 수직으로 이동하기 때문에 어류 중에서는 가장 느림보랍니다. 해마는 국제자연보호연맹(IUCN)에서 지정한 세계멸종위기종 가운데 하나예요. 해마는 얕은 바닷속이나 해조류 사이에서 숨어지내고 바다 환경이 변하는 것에 굉장히 민감해요. 독도에 사는 해마 가운데 '점해마'는 전체적인 모습은 다른 해마와 비슷하지만 등 쪽에 있는 점 3개가 특징이에요. 플랑크톤이나 작은 어류를 잡아먹고 사는데 신기하게도 수컷이 새끼를 낳는다고 해요.

독도 바다는 여름철에는 따뜻한 해류로 25도 정도의 수온을 유지하고 겨울철에는 차가운 해류로 10도 정도의 수온을 유지해요. 따라서 계절별로 여러 가지 종류의 물고기들이 서식하며 그 종류도 130종이 넘는다고 해요. 따뜻한 물속에 사는 물고

▲ 혹돔굴 위의 부채뿔산호

기와 차가운 물속에 사는 물고기가 함께 살며 계절에 따라 물고기의 종류가 크게 변해요. 여름철에는 돌돔이나 방어와 같은 종류가 많아지고, 겨울철에는 볼락이나 놀래미와 같은 종류가 많아진다고 해요. 혹돔은 몸집이 1m정도 되는 물고기로 독도 바닷속에 사는 물고기 중 가장 큰 몸집을 가지고 있어요. 머리에 주먹 크기의 혹을 가지고 있어 '혹돔'이라는 이름을 가지게 되었는데, 몸은 납작하면서 긴 타원형이고 몸 옆면에 흰색 세로띠를 가지고 있어요. 이 세로띠는 나이를 먹으면서 점점 사라진다고 해요. 혹돔은 강한 송곳니로 소라, 고둥 등 단단한 먹이를 부수어 먹을 수 있어요. 그리고 밤이 되면 바위틈이나 굴속에서 무리를 지어 잠을 자는 특성을 가지고 있는데, 혹돔이 자는 바위를 혹돔굴이라고도 부른답니다. 이런 혹돔굴 천장에는 화려한 부채뿔산호도 살고 있어요.

하지만 최근 독도의 바다는 다양한 환경 문제로 인해 심각한 위기에 처해 있어요. 특히 전 세계적으로 일어나고 있는 해양 산성화와 해양 사막화는 독도 해양 생태계에 심각한 위협이에요. 해양 산성화란 대기 중의 이산화탄소(CO_2)가 바다에 녹아들면서 해수의 pH가 낮아지는 현상이에요. 산업화로 이산화탄소가 급격히 증가하면서 발생하고 있어요. 그래서 세계 각국은 '탄소 제로'를 목표로 다양한 노력을 하고 있지요. 이러한 이산화탄소의 증가는 바다의 수온을 높이고, 산성도를 꾸준히 증가시켜요. 산성화된 바다는 조개, 산호, 해조류 등 석회질을 형성하는 생물의 성장과 생존을 어렵게 만들어요. 또 뜨거워진 바다는 성게의 천적을 없애고 성게를 과도하게 번식시켜 해양 사막화가 일어나요. 먹이 피라미드에서 1차 먹잇감이 되는 해조류는 물고기 등의 해양 생물에게 꼭 필요한 존재예요. 해조류를 주식으로 하는 성게가 너무 많으면 해조류가 감소하고 이것은 바닷속 생태계를 무너뜨리는 이유가 되고 있어요. 독도 주변 바다 역시 예외일 수는 없어요.

 ## 괭이갈매기와 친구들

　독도는 다양한 해양 생물뿐만 아니라 수많은 새들이 사는 곳이기도 해요. 특히 독도는 철새들이 이동하는 경로 중 하나로 새들의 번식과 쉼터와 같은 역할을 한답니다. 새들의 낙원이라고도 불리는 독도에서 가장 흔하게 볼 수 있는 새는 바로 괭이갈매기예요. 고양이 울음소리와 비슷하다고 하여 '괭이'라는 이름을 갖게 된 괭이갈매기는 봄의 시작을 알리는 2월부터 날아오기 시작하여 3월이 되면 동도와 서도를 덮을 만큼 많아져요. 2023년 독도에서 관찰된 괭이갈매기의 개체수가 약 2만 마리라고 하니 어마어마하죠? 이렇게 많은 괭이갈매기를 볼 수 있는 이유는 독도가 바로 괭이갈매기의 집단 번식지이기 때문이에요.

▲ 괭이갈매기

　괭이갈매기는 4~6월이 되면 2~3개의 알을 낳고 약 한 달간 알을 품어요. 한 달이 지나면 갈색 털을 가진 새끼 괭이갈매기가 태어나요. 어미 괭이갈매기는 새끼에게 해양 무척추동물이나 작은 물고기들을 먹이며 성장을 도와요. 그렇게 자란 새끼 괭이갈매기들은 7~8월경 부모를 따라 울릉도나 동해안으로 떠나 겨울을 보내고 이듬해 2월이 되면 봄이 왔다는 것을 알리는 것처럼 다시 독도로 돌아온답니다.

독도에는 괭이갈매기 외에도 많은 새들이 살고 있어요. 이번에 살펴볼 새는 슴새예요. 슴새 역시 천연기념물로 지정되어 보호받고 있으며 독도를 집단서식지로 삼고 있어요. 슴새는 이마, 정수리, 뒷머리는 검은 갈색이고 깃털의 가장자리는 흰색이에요. 몸길이는 약 49cm이고 날개를 펼치면 길이가 무려 120cm나 되는 큰 새이기 때문에 지상에서 바로 날아오를 수 없다고 해요. 그래서 바람을 이용해 비상하는데 나무에서 뛰어내리며 바람을 타고 하늘을 날아요. 이런 습성 때문에 한 번 날면 오랜 시간 하늘에 머물며 육지로 내려오지 않는다고 해요.

슴새는 호주나 인도네시아에서 살다가 2~3월 번식기가 되면 우리나라로 8,000km를 날아오는 철새예요. 하루에 최대 약 800km를 이동하여 날아온다고 하니 그 체력이 대단하지요?

번식기에 우리나라를 찾은 슴새는 땅속에 굴을 파서 알을 낳아요. 6~7월경 알 1개를 낳아 기르고, 10월이 되면 월동을 위해 다시 호주나 인도네시아로 날아간답니다. 그런데 최근 슴새의 개체수가 줄어들고 있다고 해요. 먹이 활동 중 바다에 설치된 그물에 걸려 죽기도 하고, 집쥐에게 알과 새끼가 공격을 받아서 1960년대 1만 6천 마리나 되던 수가 5천여 마리로 줄어들었어

▲ 슴새(출처: Kanachoro)

요. 따라서 괭이갈매기뿐만 아니라 슴새 역시 천연기념물로 지정하여 보호하고 있답니다.

마지막으로 살펴볼 새는 바다제비예요. 우리나라에서 처음 독도를 천연기념물로 지정했을 때 이름이 '독도 해조류(바다제비, 슴새, 괭이갈매기) 번식지'였다고 해요. 괭이갈매기나 슴새 못지않게 바다제비도 독도에 많이 살고 있다는 이야기예요.

바다제비의 생김새는 몸 전체가 짙은 갈색을 띠며 바다 생활에 유리한 물갈퀴를 가지고 있어요. 바다제비 역시 슴새처럼 알을 하나만 낳는 특징이 있어요. 번식력이 약해 외부의 공격으로부터 알을 지키려고 보다 안전한 땅속에 굴을 파고 둥지를 짓

▲ 바다제비

는다고 해요. 이러한 둥지는 동도의 한반도바위, 서도의 물골에서 자주 볼 수 있어요.

바다제비는 봄이 되면 인도양, 중국, 동남아 등 남쪽에서 독도로 날아와 번식하는 철새예요. 전 세계에 살고 있는 바다제비의 75% 이상이 독도를 포함한 우리나라 무인도에서 번식을 하는 것으로 알려져 서식지 보호가 무엇보다도 중요하죠. 따라서 해양수산부는 2016년부터 바다제비를 해양보호생물로 지정해 관리하고 있다고 해요.

혹시 '독도모기'를 아시나요? 독도경비대를 70년 동안 괴롭혔던 독도모기는 모기보다도 작은 크기에 눈에 잘 띄지도 않아 깔따구로만 알고 있었어요. 특히 독성이 매우 강해 한 번 물리면

한 달이 지나도 쉽게 낫지 않는다고 하고, 크기가 작아 양말을 두 겹, 세 겹 신어도 양말 속으로 들어가 사람을 문다고 해요. 최근 이 독도모기의 정체가 깔따구가 아니라는 것이 밝혀졌어요. 알고 보니 독도모기는 독도에만 서식하는 신종 '독도점등에모기'라고 해요. 정부에서는 일반 모기보다 훨씬 독성이 강한 독도점등에모기에 대한 대책을 마련하는 중이라고 해요.

▲ 독도점등에모기(출처: 국립생물자원관)

　독도는 생성 이래 한 번도 육지와 연결이 되지 않은 대양섬이에요. '대양섬'이란 바다 한가운데 화산 폭발로 생겨난 섬으로 한 번도 육지와 연결된 적이 없는 섬을 이야기해요. 따라서 섬 자체의 독특한 환경을 오롯이 지켜온 섬이기도 하지요. 그럼 여기서 의문점이 하나 생기죠? 조류와 달리 곤충은 매우 작은 생명체인데 어떻게 육지와 뚝 떨어진 독도에서 살게 된 것일까요? 실제로 한반도와 독도 사이의 거리는 216.8km나 된답니다. 크기가 작은 곤충이라면 200km나 되는 거리를 쉽게 오갈 수는 없겠죠.

비록 육지와 멀리 떨어져 있지만, 현재 독도에는 수많은 곤충들이 살고 있어요. 매미, 벌, 파리, 모기, 딱정벌레, 잠자리 등 우리가 잘 알고 있는 곤충뿐만 아니라 긴뺨모래거저리, 작은멋쟁이나비, 애땅노린재와 같은 곤충들도 살고 있답니다. 사실 독도에 곤충들이 어떻게 들어오게 되었는지 궁금증을 밝히는 연구는 지금도 계속되고 있어요. 연구를 통해 다양한 의견들이 제시되고 있는데, 그중 하나는 식물의 씨앗이 퍼질 때와 마찬가지로 바람이나 새들의 몸에 붙어 이동했다는 주장이에요. 그렇게 독도로 들어온 곤충들이 오랜 시간 동안 터를 잡고 살며 정착을 했다는 것이죠.

또 독도의 곤충은 '생물지리학적 한계선' 역할을 톡톡히 해내고 있어요. 생물지리학적 한계선이란 해당 생물이 서식하는 지리적인 경계를 의미해요. 예를 들어 독도장님노린재는 독도, 인도, 필리핀 등지에서 살고 있는데 세계적인 분포 양상을 봤을 때 독도가 북방한계선으로 알려져 있어요. 다시 말해 독도장님노린재는 독도의 북쪽 지역에서는 서식하지 못한다는 것을 알 수 있어요. 초록다홍알락매미충과 명아주나무이 역시 세계 분포상 독도가 동방한계선으로 알려져 있다고 해요. 그리고 우리나라에서는 독도에서만 발견되는 섬땅방아벌레는 독도가 서방한계선이랍니다.

이 밖에도 바다 한가운데 홀로 존재하는 섬이라는 특성상

알락날개쐐기노린재
검은색, 주홍색, 노란색, 흰색 무늬를 갖고 있으며 전체에 긴 센털이 나 있는 것이 특징

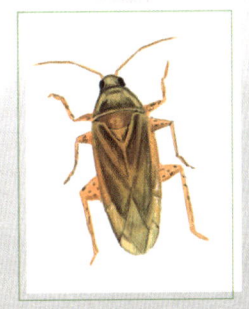

독도장님노린재
등면이 연한 녹색이나 노랑색이며 복면에 검은 점이 있는 것이 특징

▲ 독도의 곤충들 (출처:한국환경산업기술원)

독도에만 존재하고 근처 울릉도에서도 존재하지 않는 곤충들도 있어요. 바로 꼬마남생이무당벌레, 붉은뒷날개나방 등이 있답니다. 이렇게 독도에는 200여 종이 넘는 곤충들이 저마다의 방식으로 생태계를 이루며 살고 있어요. 많은 학자들이 아직도 독도에는 밝혀지지 않은 미확인 곤충들이 많이 있으며 따라서 학술적 연구 가치가 매우 높은 곳이라고 이야기한답니다.

독도의 푸르른 친구들

　화산 폭발로 만들어진 독도는 육지와 한 번도 연결된 적이 없는 대양섬으로 식생천이를 연구하기에 최적의 장소로 손꼽히고 있어요. '식생천이'란 식물의 군집이 시간이 지남에 따라 변화하는 현상을 이야기해요. 다시 말해 우리 주변에 있는 꽃과 나무의 식물학적 분화와 특성을 밝히는 데 아주 중요한 역할을 하는 곳이 독도라는 이야기예요. 동물의 진화와 마찬가지로 식물들도 오랜 시간이 지나면 아주 복잡한 과정으로 진화하여 그 기원이 무엇인지 찾기 어려워요. 따라서 육지에 있는 식물들은 어떤 진화를 거쳐 지금의 모습에 다다랐는지 밝혀내기 힘들다는 문제가 있어요. 하지만 독도의 경우 식물이 진화하는 데 소요된 시간이 그리 길지 않기 때문에 식물의 기원을 찾고 특성을 연구하기 매우 적합하답니다.

　독도는 원래는 하나의 섬이었지만 오랜 세월 동안 파도와 바람에 의해 풍화되어 오늘과 같은 동도, 서도 2개의 섬과 89개의 작은 바위섬으로 나뉘게 되었어요. 풍화 과정에서 만들어진 흙이 바위를 얇게 덮고 있는데 그 두께가 30cm도 되지 않는다

▲ 독도에서 자라는 식물들(출처: 외교부)

고 해요. 심지어 경사가 심해 비가 내리면 흙이 흘러내리기 때문에 식물이 뿌리를 내리고 싹을 틔울 수 있는 좋은 환경은 아닌 거죠. 이렇게 식물이 자라기에 척박한 환경이지만 독도에는 끈질기게 삶을 이어가고 있는 야생 식물들이 많이 있답니다.

독도에서 자라는 식물은 약 50~60종에 달한다고 해요. 사람의 왕래가 없던 시절부터 존재했던 도깨비쇠고비, 땅채송화, 곰솔 등과 같은 '자생식물'과 독도에 인위적으로 심거나 우연히 방문객의 몸에 묻어 들어온 왕호장근, 흰명아주, 방가지똥 등의 '귀화식물'이 독도의 식생을 구성하고 있어요. 사실 왕호장근과 같은 귀화식물 중 일부는 독도 생태계에 골칫거리이기도 해요. 1978년 독도에 심긴 왕호장근은 강한 번식력을 가지고 있어 다른 식물의 성장을 불가능하게 만들고 있어요. 독도와 같이 섬 지역에 인위적으로 식물을 심으면 자생식물들이 위협을 받을 수 있다는 사실을 직접적으로 보여 주고 있는 사례예요.

그럼 지금부터는 독도의 자생식물에 대해 살펴볼까요? 우선 우리 야생화 가운데 독도의 봄을 알리는 도깨비쇠고비가 있어요. 독도의 유일한 고사리 종류예요. 동도에는 자라지 않고 오로지 서도에서만 자라는 것도 특징이죠. 겨울이 되어도 푸른 잎을 간직하는 식물을 '늘푸른식물'이라고 하는데 도깨비쇠고비가 바로 그런 식물이예요. 독도에 사는 도깨비쇠고비는 크기가 1m 정도로 주로 바닷가 근처에 살아요. 높은 절벽의 틈에서 사라는 모습을 많이 볼 수 있는데, 바위가 많고 흙이 적은 독도의 환경에도 잘 적응할 수 있어요. 고

▲ 왕호장근(출처: 외교부)

▲ 도깨비쇠고비(출처: 국립수목원)

사리류는 꽃이 피지 않아요. 그래서 씨앗 대신 잎 뒤에 '포자'라고 하는 것을 통해 번식을 하는데 도깨비쇠고비 역시 가죽같이 단단하고 광택이 있는 잎 뒷면에 갈색점처럼 보이는 포자가 붙어 있답니다.

다음은 독도에서 가장 오래된 나무인 사철나무예요. 사철나무는 이름 그대로 봄, 여름, 가을, 겨울 사철 푸른 나무예요. 독도에서는 도깨비쇠고비와 함께 한겨울에도 푸른 자태를 뽐내는 나무죠. 주로 동도의 천장굴과 서북쪽 경사 끝부분에서 자라고 있는데, 강한 해풍을 견디기 위하여 가지가 땅에 붙은 채로 자라 우리가 육지에서 볼 수 있는 사철나무와는 모습이 많이 달라요. 이렇게 독도의 열악한 환경 속에서 100년 이상 살아온 독도의 터줏대감이기도 한 사철나무는 독도 섬 전체가 천연보호구역인데도 불구하고 또다시 천연기념물로 지정되었어요.

해국은 바닷가에서 자생하는 국화예요. 거센 바람과 염분, 건조에도 강하고 햇빛을 아주 좋아하며 흙이 별로 없는 바위틈에서도 잘 자라는 꽃이지요.

▲ 사철나무(출처:국가유산청 국가유산포털)

여름부터 꽃을 피우기 시작해 11월까지도 꽃을 피우는 해국은 가을꽃 가운데 가장 늦게까지 꽃을 피우는 식물로 손꼽혀요. 그래서 여름엔 바다 경관과 잘 어울리는 장관을 만들어 내고, 가을에는 단풍과 어울려 멋진 풍경을 만들어 낸답니다. 또 꽃이 크고 오래 피는 특성이 있어 최근에는 관상용으로 화단과 화분에 심어 즐기기도 한답니다.

　　해국은 독도의 식물을 연구하는 연구원들에게 아주 중요한

▲ 해국(출처: 외교부)

식물이에요. 한국과 일본에서만 자라는 꽃이기 때문이죠. 해국은 현재 독도에 있는 약 57종의 식물 가운데 가장 연구가 많이 된 식물로, 최근 유전자 검사로 해국이 제주도 근처에서 처음 분화되어 울릉도, 독도, 일본으로 퍼져나갔다는 사실이 밝혀졌어요. 이러한 사실을 지난 2010년 미국에서 운영하는 세계유전자은행(NCBI)에 최초로 등록하기도 했어요. 이렇게 유전자 분석 결과를 등록하는 이유는 독도에 자생하는 식물을 알리려는 의미도 있지만, 해당 식물이 우리나라 식물이라는 점을 알려 다른 나라에서 우리의 생물 자원을 허락 없이 사용하는 것에 대비하려는 목적도 있답니다.

독도에는 수많은 동식물들이 살고 있어요. 하지만 토끼, 사슴, 다람쥐와 같은 야생 포유류는 살고 있지 않아요. 다만 독도경비대에서 키우고 있는 삽살개 '우리'와 '나라'를 볼 수 있지요. '우리'와 '나라'는 한국삽살개재단에서 1998년부터 독도에 평균 2년마다 교대로 파견시킨 10대 '독도 지킴이'라고 해요. 삽살개가 무려 25년 넘게 독도를 지켰으니 이젠 삽살개를 독도의 마스코트라 불러도 될 것 같아요.

'삽살개' 하면 무엇이 떠오르나요? 진돗개와 더불어 우리나라 토종견이라는 것은 잘 알고 있는 사실이에요. 눈까지 덮는 긴 털과 큰 덩치가 마치 사자와 비슷하다고 하여 '사자개'로 불리기도 하였고, '귀신을 쫓는 개'라는 의미의 '삽살개'라고 불리

▲ 옛 그림 속의 삽살개(김두량, 1743년)

기도 했어요. 조선 영조 시절 화가 김두량이 그린 그림에는 삽살개 한 마리가 허공에 있는 무언가를 보고 짖고 있는 모습이 그려져 있어요. 김두량은 끊임없이 암살의 위협을 받고 있던 영조에게 액운을 쫓는 삽살개의 그림을 바치면서 영조의 안위를 기원했다고 해요. 또 '춘향전'에서도 이도령을 보고 컹컹 짖으며 반기는 개가 삽살개라는 대목이 나와요. 예로부터 그림, 소설, 민담 등에 삽살개가 자주 등장하는 것은 그만큼 오랜 세월 우리 민족과 함께 해온 친숙한 토종견이었기 때문이에요.

하지만 지금은 독도 지킴이로 활약 중인 삽살개에게는 우리가 잘 알지 못하는 슬픈 사연이 있어요. 강치와 마찬가지로 삽살개 역시 일제강점기 시절 멸종 위기에 처했었다는 사실입니다. 하마터면 우리는 삽살개를 그림으로만 볼 뻔했던 것이죠. 일

▲ 독도 삽살개 '우리'와 '나라'(독도수비대강치tv 캡처)

 일제강점기에 일본은 그들의 토종견과 모습이 비슷했던 진돗개를 조선을 대표하는 개로 삼았고, 그 외의 개들은 도살하여 토종견 박멸 정책을 펼쳤어요. 그 시절 대부분의 삽살개가 죽임을 당했으며 그로 인해 삽살개는 멸종 위기까지 처했어요. 우리나라에서는 1985년 DNA 지문기법을 활용하여 삽살개를 복원했고, 1992년에 천연기념물 제368호로 지정하였어요. 이후 일본 정부의 계속되는 독도 왜곡으로 한국삽살개보존회와 경상북도에서는 상징적 의미가 있는 삽살개를 독도에 정착시켰고, 지금까지 독도 지킴이로서의 임무를 수행하고 있는 것이랍니다.

제6장

불타는 얼음과 깊은 바닷물

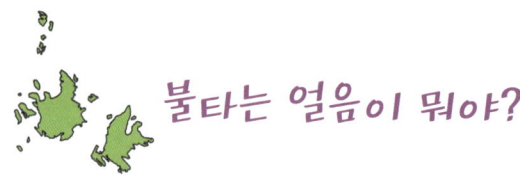

불타는 얼음이 뭐야?

　얼음이 불에 타는 모습을 본 적 있나요? 거짓말 같지만 그런 얼음이 실제로 존재한답니다. '메탄 하이드레이트(methane hydrate)'라는 천연자원이에요. 얼음 안에 존재하는 천연가스들 가운데 메탄가스의 비중이 높아서 그렇게 불리고 있어요.

　메탄 하이드레이트는 깊은 바닷속 퇴적층에 매장된 메탄가스가 저온, 고압의 환경 속에서 물 분자와 결합하여 고체 물질로 형성된 것이에요. 정확하게 말하자면, 0도 이하의 낮은 온도와 30기압 이상의 높은 압력 속에서 물 분자들이 결합하며 만들어 낸 입체적인 공간에 가스 분자들(메탄, 이산화탄소 등)이 갇혀 있는 형태랍니다. 그렇기 때문에 온도와 압력이 낮아지면 이 고체 물질이 녹으면서 가스가 분출되게 돼요. 드라이아이스와 같은 얼음의 모습이지만, 불을 붙이면 얼음 안에 존재하는 가스 성분 때문에 불에 타는 모습을 연출할 수 있는 것이에요.

▲ 불타는 메탄 하이드레이트

사실 메탄 하이드레이트는 차세대 대체 연료로 주목받고 있어요. 우리가 현재 사용하고 있는 석탄, 석유와 같은 화석 연료는 양이 한정되었기 때문에 점점 고갈되고 있어요. 그러한 이유로 석유, 석탄을 대신할 대체 연료로 메탄 하이드레이트가 고려되고 있어요. 메탄 하이드레이트는 연소될 때 화석 연료보다 이산화탄소와 같은 대기 오염 물질은 더 적게 배출하면서 에너지는 훨씬 더 많이 내는 장점이 있어 차세대 청정에너지로 주목받고 있답니다.

전 세계 메탄 하이드레이트의 매장량은 석유나 석탄 매장량의 2배가 넘는다고 해요. 심지어 기체는 고체로 저장될 때 160~200배 정도 압축되는 특성이 있어 하이드레이트 1L에는 200L가량의 천연가스가 저장되어 있어요. 이 정도의 양은 전 세계 인구가 약 500년을 사용할 수 있는 양이라고 하니 차세대 에너지로 주목받는 이유를 알 것 같아요. 따라서 일본, 미국, 중국, 인도 등은 이미 특별법까지 만들어 천연자원의 탐사와 시추 기술 개발을 진행하고 있어요.

우리나라 역시 차세대 청정에너지 자원인 메탄 하이드레이트에 대한 관심이 많아요. 왜냐하면 우리나라도 메탄 하이드레이트 보유국이기 때문이지요. 석유 한 방울 나오지 않는 나라에 차세대 청정에너지가 매장되어 있다니! 그럼 도대체 어디에 매장되어 있다는 이야기일까요? 맞아요. 바로 독도 주변 바다에 매장되어 있답니다. 독도 주변에 매장되어 있는 메탄 하이드레이트는 대략 6억~10억 톤가량으로 보고 있어요. 이것은 우리나라가 앞으로 30년~50년간 사용할 수 있는 양으로, 돈으로 환산한다면 약 250조 원에 달하는 엄청난 양이에요. 일각에서는 일본이 독도를 자신들의 땅이라고 주장하는 이유 중 하나가 바로 메탄 하이드레이트의 소유권을 가지고 싶기 때문이라는 이야기도 하고 있어요. 그만큼 메탄 하이드레이트는 전 세계적으로 관심받고 있는 소중한 자원 가운데 하나랍니다.

하지만 차세대 청정에너지로 주목받고 있는 메탄 하이드레이트에게도 치명적인 단점은 존재한답니다. 최근 국제 학술지인 '네이처'에서는 메탄 하이드레이트가 매장되어 있는 깊은 바닷속에서 메탄가스가 누출되었다는 연구 결과를 발표했어요. 메탄은 이산화탄소와 더불어 지구 온난화의 주범인 온실가스 가운데 하나예요. 심지어 이산화탄소보다 21배의 온실 효과를 내는 기체이므로 메탄가스의 누출은 지구 온난화에 심각한 영향을 끼치는 것이죠. 따라서 메탄 하이드레이트 자체는 효율성이 높은 청정에너지일 수 있겠지만, 채굴 과정에서 메탄가스가 누출된다면 더 이상 청정에너지라고 부를 수 없게 되는 것이죠. 이러한 이유로 과학자들은 메탄가스를 이산화탄소로 대체하여 채굴하는 방법을 개발하려 노력하고 있어요. 메탄 하이드레이트의 구조를 기억하나요? 메탄 하이드레이트는 물 분자가 만든

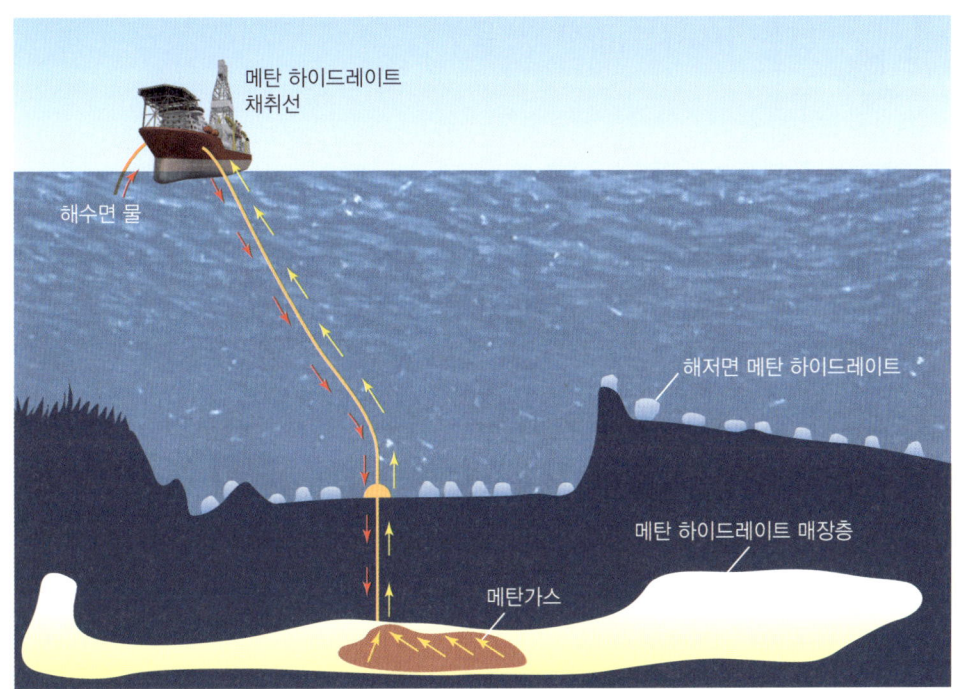

▲ 메탄 하이드레이트의 채취

격자 안에 메탄을 비롯한 천연가스가 포집되어 있는 모습이에요. 과학자들은 물 분자가 만든 격자 안에서 메탄가스를 빼내고 대신 구조가 비슷한 이산화탄소를 주입하여 채굴 과정에서 메탄가스가 누출되는 위험을 줄이려고 노력하고 있답니다.

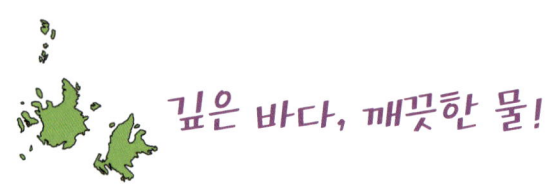

깊은 바다, 깨끗한 물!

해양 심층수라는 단어를 들어 본 적 있나요? 독도 바다에는 청정에너지 자원인 메탄 하이드레이트뿐만 아니라 청정수인 '해양 심층수'도 존재해요. 해양 심층수란 어떤 물을 말하는 걸까요?

해양 심층수는 말 그대로 '깊은 바닷속에 있는 물'을 뜻해요. 바닷물은 크게 표층수와 심층수로 구분할 수 있어요. 표층수는 해수면 가까이에 존재하여 강수(물의 순환과정), 풍랑 등의 영향을 많이 받는 바닷물이에요. 심층수는 표층수를 제외한, 정확하게 이야기하자면 수심 200m 이상의 깊은 바닷속에 있는 바닷물을 부르는 말이에요. 심층수는 햇빛이 거의 미치지 못하는 깊이에 있기 때문에 광합성을 통해 유기물이 번식하는 표층수와는 다른 성질을 가지고 있어요.

그런데 해수면에서 200m 이상의 깊이에 있는 바닷물이라면 모두 해양 심층수라고 부를까요? 꼭 그렇지만은 않아요. 해양 심층수라고 부르기 위한 조건이 또 하나 필요해요. 그것은 바로 '해양 심층수 벨트'를 지나느냐의 여부랍니다. 해양 심층수 벨트란 일반적으로 그린란드에서 시작하여 2000년을 주기로 대서양, 인도양, 태평양을 돌아 다시 대서양으로 돌아가는 바닷물의 커다란 흐름을 말해요. 전 세계 바다를 순환하는 이 해양 심층수는 북대서양 그린란드와 남극 웨들해의 빙하가 존재하는 차가운 바닷물과 만나면서 만들어지는 물 자원이에요. 이들 차가운 바다를 지나게 되면 바닷물은 비중이 아주 커지고 온도는 2℃ 정도까지 떨어지게 돼요.

비중이란 비교할 '비(比)'와 무거울 '중(重)'이란 한자로 만들어진 단어로 무거운 정도를 뜻해요. 다시 말해 해양 심층수 벨트를 따라 순환하던 물이 빙하의 바다를 만나면 온도가 낮아지면서 무거워져서(비중이 커져서) 표층수 아래 200m 이상의 지점으로 가라앉게 되는 거예요. 이러한 차이로 표층수와 심층수는 서로 섞이지 않고 뚜렷한 경계를 이루고 있어요. 물과 기름이 서로 섞이지 않는 것처럼 말이에요. 해양 심층수는 햇빛이 도달하지 못하는 깊이에 있어서 광합성을 할 수 없어요. 따라서 유기물도 번식하기 힘들어요. 또 표층수와 섞이지 않기 때문에 하천이나 바다로부터 흘러나온 오염 물질이 섞일 일도 없어서 미네랄과 영양 염류를 간직하면서도 항상 깨끗한 상태를 유지할 수 있답니다.

우리나라도 독도가 있는 동해에서 해양 심층수를 얻을 수 있다고 이야기한 것을 기억하나요? 그렇다면 해양 심층수 벨트

▲ 동해 해양 심층수 벨트

가 우리나라 동해도 통과하나요? 그렇지 않아요. 우리나라 동해는 해양 심층수 벨트의 흐름에서 벗어나 있어요. 하지만 신기하게도 동해에서는 자체적으로 심층수가 만들어지고 순환하며 변형된답니다. '동해 해양 심층수 벨트'가 따로 형성되어 있는 거예요. 특히 동해의 수심이 깊고 대한해협의 폭이 좁아 이곳에서 만들어진 심층수는 다른 해역과 섞이기 어려워요. 그래서 일부 학자들은 동해에서 자체적으로 만들어진 심층수를 '동해 고유수'라고 불러요. 동해 고유수는 수심 200m 이하에 형성되고, 수온은 연중 2℃를 유지하며, 순환 주기는 약 300~700년으로 추정된다고 해요.

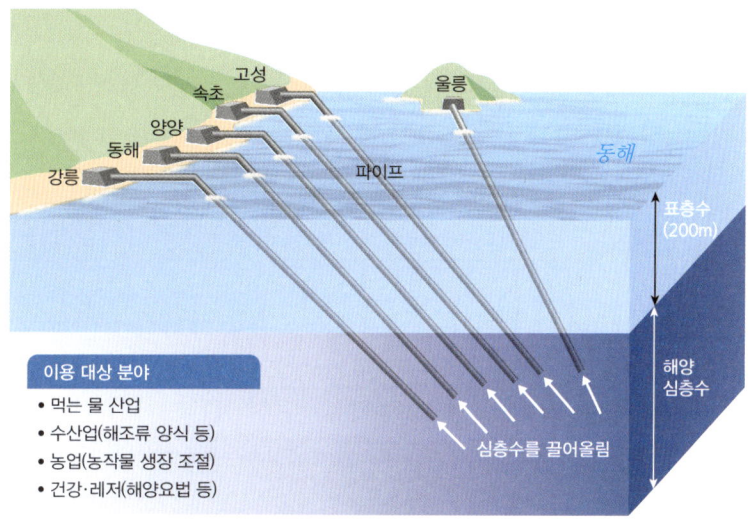

▲ 해양 심층수의 채취와 활용

　우리나라에서는 2001년부터 해양 심층수를 개발하기 시작하였어요. 독도뿐만 아니라 동해 주변에 있는 고성, 속초, 양양 등에서도 해양 심층수를 얻을 수 있어요. 우리나라는 2004년 속초, 동해, 강릉, 울릉도를 해양 심층수 취수 해역으로 지정하기 시작하여 2008년 고성과 양양을 추가 지정하였어요. 2013년에는 울릉도·독도 해양 연구기지를 세우며 해양 심층수 개발과 더불어 해양 자원 조사와 해양 생물, 해양 미생물의 서식 환경 연구도 함께 진행하고 있어요. 해양 심층수는 먹는 물 외에도 수산업, 농업, 심지어 건강·레저 산업에도 활용할 수 있어 활용도가 무궁무진한 천연자원이랍니다.

제7장

우리 역사가 지킨 독도

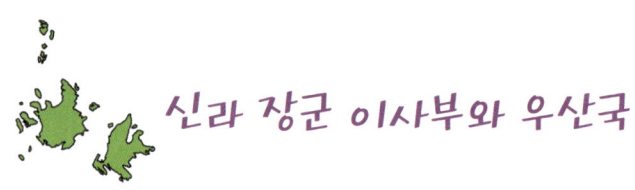
신라 장군 이사부와 우산국

우리 역사는 예로부터 독도 주권을 두고 다른 나라와 다툼이 많았어요. 하지만 우리 조상들은 오랫동안 독도를 굳건히 지켜냈답니다. 그럼 지금부터 우리 역사 속 수많은 '독도 지킴이'들을 살펴보도록 해요. 가장 먼저 알아볼 사람은 신라의 장군 이사부예요. 512년 지금의 강릉 지역인 하슬라주의 군주가 되어 우산국을 정벌한 이사부로부터 독도 지킴이가 시작되었기 때문이죠.

고려 때 김부식이 지은 '삼국사기'에 따르면 이사부는 우산국을 정벌하여 신라에 병합하려 했다고 해요. 이사부는 우산국 사람들이 사납고 거칠어서 힘으로 굴복시키기 어려우므로 꾀를 내어 정복해야 한다고 생각했어요. 그래서 나무로 사자 모형을 만들어 배에 나누어 싣고 우산국으로 향했어요. 그리고 다음과 같이 이야기했지요.

"너희들이 만약 항복하지 않으면 이 사나운 사자들을 모조리 풀어 밟혀 죽게 하리라."

천둥과 같이 우렁찬 목소리에 우산국 사람들은 두려움에

떨며 공포를 느꼈어요. 결국 우산국 사람들은 이사부에게 순순히 항복하였고 매년 조공을 바치기로 했어요. 이때부터 우산국은 신라에 속하였고 우리 역사와 함께하게 되었답니다.

독도 지킴이를 알아보자고 해 놓고선 왜 독도 이야기는 하지 않는지 궁금하죠? 사실 우리는 독도 이야기를 계속하고 있었어요. 바로 이사부가 정복한 '우산국'이 독도를 의미하기 때문이에요. 당시 우산국은 울릉도와 독도를 포함한 국가로 이는 조선시대의 역사서 '세종실록지리지'에도 기록된 사실이랍니다.

▲ 우산국을 신라 영토에 편입한 이사부

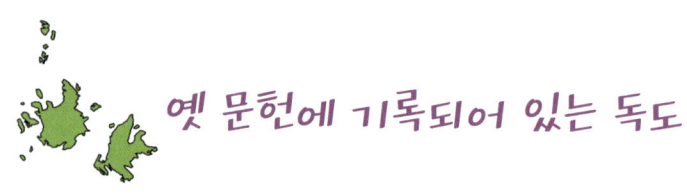

옛 문헌에 기록되어 있는 독도

독도는 울릉도와 더불어 우리나라의 옛 기록에 자주 등장하는 섬 가운데 하나예요. 그렇다면 최초로 독도를 기록한 자료는 무엇일까요? 바로 김부식이 완성한 '삼국사기'랍니다.

삼국사기는 고려 인종의 명을 받아 1145년(인종 23년)에 완성한 역사서예요. 본기(本紀) 28권, 지(志) 9권, 표(表) 3권, 열전(列傳) 10권으로 구성된 책으로 고구려, 백제, 신라의 흥망성쇠가 담겨 있어요. 삼국사기 신라 편을 보면 다음과 같은 기록이 있어요.

> "신라 지증마립간 즉위 13년(512년) 6월에 하슬라주(현 강릉 지역)의 군주 이사부가 우산국을 정벌했다."

다시 말해 이사부가 정벌을 통해 우산국을 신라의 영토로 삼았다는 이야기이죠. 우산국에 대한 기록은 삼국사기 지증왕 편에서 또다시 찾아볼 수 있어요.

"우산국은 명주의 정동쪽 바다에 있는 섬인데, 그 섬은 사방 일백 리이고… (생략)"

▲ 우산국에 대한 삼국사기의 기록

명주는 지금의 강릉 지역으로 강릉의 동쪽 바다에 있는 섬이 우산국이라는 이야기예요. 또 우산국의 크기를 사방이 일백 리인 섬이라고 했는데 백 리는 약 40km이니 우산국은 사방이 40km나 되는 큰 섬이었다는 사실을 알 수 있어요. 동쪽 바다에 사방의 크기가 40km나 되는 섬은 울릉도가 유일하기에 우리는 우산국이 울릉도라는 합리적인 추측을 할 수 있답니다. 신라시대 우산국은 지금의 울릉도를 중심으로 주변의 섬을 세력권에 두었던 나라였기 때문에 울릉도와 독도는 삼국시대 때부터 우리의 영토였음을 확인할 수 있는 것이죠.

삼국사기 이후에도 수많은 우리나라의 고문헌이나 고지도에서 독도를 우리 영토로 기록한 사실을 찾을 수 있어요. 특히 지리적으로 독도는 울릉도에서 맨눈으로 볼 수 있어 우리 선조들은 독도를 울릉도 일부라고 인식하였는데, 이것은 1454년에 편찬된 세종실록지리지의 내용에서 알 수 있어요.

"우산(宇山)과 무릉(武陵) 두 섬이 현의 정동쪽 바다 가운데

우산과 무릉 두 섬은
울진현 정동쪽 바다에 있다.
두 섬은 서로 거리가 멀지 않아
날씨가 맑으면 볼 수 있다.
신라 때에는 우산국이라 칭했는데
울릉도라고도 한다.

▲ 세종실록지리지

무릉이라고도 하고
울릉이라고도 한다.
두 섬은 울진현의 정동쪽 바다에 있다.
일설에 우산과 울릉이 본래 한 섬으로
땅이 사방백리라고 한다.

▲ 동국여지승람

104 강치야, 넌 어디 갔니?

있고, 두 섬은 거리가 멀지 않아 바람이 곱고 맑은 날에는 가히 바라볼 수 있다. 신라에서는 우산국이라고 불렀다. 여기서 우산과 무릉이 있는데, 우산은 독도를 의미하고 무릉은 울릉도를 의미한다."

삼국시대를 지나 조선시대에도 독도를 조선의 영토로 인식하고 있다는 것을 보여 주는 기록이랍니다.

비록 문헌에는 기록되어 있지 않지만, 최근 조사 결과에 의하면 울릉도는 선사시대부터 사람들이 살고 있었다고 해요. 삼국사기, 세종실록지리지 외에도 이후 편찬된 고려사지리지(1451년), 신증동국여지승람(1530년), 동국문헌비고(1770년), 만기요람(1808년), 증보문헌비고(1908년) 등에도 우산도에 관한 내용을 적고 있어 그 지명이 20세기 초까지도 계속되는 것을 알 수 있어요. 이런 점들을 미루어볼 때 독도는 예로부터 지속적으로 우리나라의 영토에 속했음을 분명하게 알 수 있답니다.

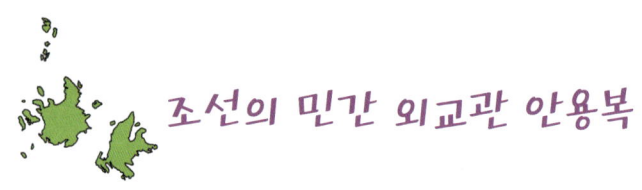

조선의 민간 외교관 안용복

　독도 지킴이 가운데 우리가 잘 알고 있는 인물 중에 조선의 민간 외교관으로 불리는 '안용복'이 있어요. 그는 왜 그냥 외교관이 아닌 민간 외교관으로 불리게 되었을까요?

　일반적으로 외교관은 나라를 대표해서 상대 국가의 우호적인 협력을 증진하고 우리 국민의 편의와 안전을 강화하는 일을 하는 관리죠. 어디까지나 국가 대 국가로서 당시 왕의 명령을 받고 할 수 있는 일이었죠. 그런데 안용복의 행동은 왕의 명령을 받고 한 일이 아니라 오로지 나라를 사랑하는 마음에서 시작된 것이었어요. 높은 관리들조차 쉽게 하지 못했던 일을 일반 백성이었던 안용복이 했던 것이죠.

　사실 안용복에 대해서는 이름 빼고 정확한 것이 없어요. 이익이 저술한 '성호사설'에 따르면 안용복은 동래 출신의 뱃사공이에요. 그는 경상 좌수영의 노꾼으로 일하며 왜관에 자주 출입하였기 때문에 일본말을 익힐 수 있었대요. 그래서 전남 순천(順天)이라는 한자를 쓰지 못해 일본 가타카나로 썼다는 이야기가 있어요. 그만큼 일본어 실력이 출중했다는 것이죠. 반면 일본

기록에 의하면 안용복은 서울에 사는 오충수의 사노비로 부산 좌천리에 살았다고 해요. 두 사료를 종합해 보면 안용복의 신분은 평민보다도 낮았다는 것은 확실한 것 같아요. 나이는 43살, 33살, 35살 등으로 분명하지 않고 신분은 노꾼, 뱃사공, 사노비 등으로 분명치 않아요. 하지만 이렇게 낮은 신분임에도 불구하고 독도를 지키기 위해 1693년과 1696년 두 차례나 일본에 가서 문제를 제기하였다는 사실이 지금도 우리가 안용복을 기억하는 이유이지 않을까요?

▲ 안용복 동상

그렇다면 안용복은 어떻게 일본에 가서 문제를 제기하였을까요? 사실 안용복이 처음으로 일본에 가게 된 것은 자의가 아니었어요. 1693년 3월 안용복은 울산 출신 어부 40여 명과 울릉도, 독도 인근에서 고기를 잡고 있었는데 오키섬에서 온 일본 어부들과 마주치게 되었어요. 이에 실랑이를 벌이다가 일본으로 끌려갔어요. 일본 땅에 끌려간 안용복 일행은 조선 땅인 울릉도와 독도에서 조선인이 고기를 잡는 데 무엇이 문제가 되냐며 논리적으로 일본의 부당함에 항의했어요. 이에 오키섬을 다스리던 번주는 일본 정부(막부)에 안용복의 주장을 문서로 작성하여 판단해 줄 것을 요청했어요. 이후 일본 정부에서는 "울릉도와

독도는 일본의 영토가 아니다."라는 서계를 써 주며 안용복 일행을 돌려보냈어요. 이후 일본 어민들에게 울릉도와 독도에 가지 못하게 하는 '다케시마 도해 금지령'을 내리기도 하였답니다.

그럼에도 불구하고 울릉도와 독도를 사이에 두고 조선과 일본은 계속해서 다투었어요. 이후 1696년 안용복은 동료 어부 16명과 울릉도에 고기를 잡으러 갔다가 일본 어선을 발견하고 "울릉도는 본래 우리의 것인데 일본인이 어찌 감히 침범하는가. 너희들을 모두 묶어 마땅하다."라며 그들을 호되게 꾸짖었어요. 그리고 일본으로 건너가 돗토리현 번주에게 자신을 '울릉자산양도 감세장'이라고 소개하며 항의했어요. "내가 수년 전에 이곳에 들어와 '울릉, 자산' 등의 섬이 조선의 땅임을 확인하고 관백의 문서를 받아 간 일이 있다. 그런데 이 나라는 또 우리의 영토를 침범하였으니 이것이 대체 무슨 도리인가?" 결국 안용복은 돗토리현 번주의 사과를 받아내고 돌아왔답니다.

'울릉도 논쟁'이라고 불리는 일련의 사건을 우리는 '안용복 사건'이라고 해요. 정확하게 이야기하자면 첫 번째 사건은 안용복이 납치되어 일본에 갔기 때문에 '안용복 피랍 사건'이 되고, 두 번째 사건은 자발적으로 찾아간 것이기 때문에 '안용복 도일 사건'이라고 할 수 있어요. 이 울릉도 논쟁은 1698년 조선 정부가 일본 막부로부터 울릉도와 독도에 대한 조선의 영유권과 어업권을 공식적으로 인정받고 일본인의 출어를 금지하는 것으로 끝을 맺었어요.

그런데 엄격한 신분 사회였던 조선에서 안용복의 활약은 오히려 그에게 독이 되었답니다. 두 번에 걸쳐 일본에 무단으로 건너갔고 자신을 관리라고 했기 때문에 조선 정부는 안용복을 잡아들였어요. 안용복의 죄명은 무거웠어요. 국가의 허가 없이 국경을 넘었고 심지어 낮은 신분으로 자신을 조선의 관리라 사칭했기에 사형이라는 가혹한 처벌을 받게 되었어요. 하지만 나라를 사랑하는 마음에서 시작된 일임을 인정하며 감형을 주장하는 일부 대신들 덕분에 어느 정도 공을 인정받아 사형 대신 유배형으로 감형되었어요.

그후 안용복에 대한 기록은 어디에서도 찾아볼 수 없다고 해요. 하지만 우리는 안용복이 해 낸 일에 주목할 필요가 있어요. 일본이 울릉도와 독도를 자신의 땅이 아니라고 인정한 부분은 조선시대 사노비라는 낮은 신분이었던 한 개인이 해 낸 일치고는 믿기지 않을 정도로 대단한 일이었다는 사실을 말이에요.

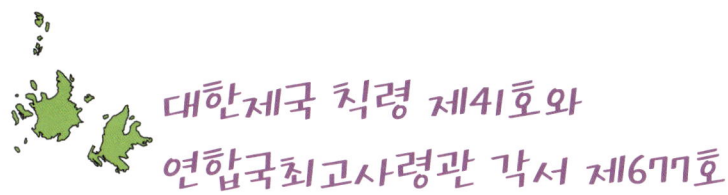
대한제국 칙령 제41호와 연합국최고사령관 각서 제677호

19세기 말 대한제국은 일본인들이 울릉도에서 무단으로 삼림을 벌채하고 밀무역을 자행하는 일이 잦아지자 일본 정부에 이를 금하고 철수시킬 것을 요구하였어요. 하지만 일본은 책임을 회피하는 등의 모습을 보였고, 이에 고종 37년인 1900년 10월 25일 당시 대한제국 최고 행정기관이었던 의정부 회의에서 다음과 같은 결정을 내리게 돼요.

"울릉도(鬱陵島)를 울도(鬱島)로 개칭하고 도감(島監)을 군수(郡守)로 개정한다."

그로부터 이틀 뒤인 10월 27일 고종의 재가를 받아 대한제국 관보를 통해 전문 6개조로 이루어진 '칙령 제41호'를 발표하였어요. 제2조에서 "군청의 위치는 태하동으로 정하고 구역(區域)은 울릉전도(鬱陵全島)와 죽도(竹島)·석도(石島: 독도)를 관할한다."라고 규정하였는데 이는 독도가 울릉도의 관할구역

칙령(勅令) 제41호

울릉도(鬱陵島)를 울도(鬱島)로 개칭하고 도감(島監)을 군수(郡守)로 개정한 건

제1조 울릉도를 울도라 개칭하여 강원도에 부속하고, 도감(島監)을 군수(郡守)로 개정하여 관제 중에 편입하고, 군등은 5등으로 할 일

제2조 군청 위치는 태하동으로 정하고, 구역은 울릉전도(鬱陵全島)와 죽도(竹島)·석도(石島)를 관할할 일

제3조 개국 504년 8월 16일 관보 중 관청 사항란 내 울릉도 이하 19자를 산거하고, 개국 505년 칙령 제36호 제5조 강원도 26군의 6자는 7자로 개정하고, 안협군하에 울도군 3자를 첨입할 일

제4조 경비는 5등군으로 마련하되, 지금은 즉 이액이 미비하고 서사 초창 하기로 해도 수세 중으로 우선 마련할 일

제5조 미진한 제조는 본도 개척을 따라 차례로 마련할 일

부칙(附則)
제6조 본령은 반포일로부터 시행할 일

광무(光武) 4년(1900) 10월 25일 봉(奉)
칙(勅) 의정부의정임시서리 찬정 내부대신 이건하(李乾夏)

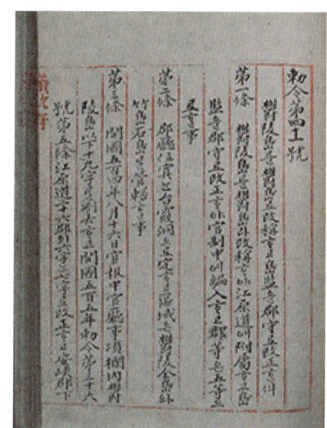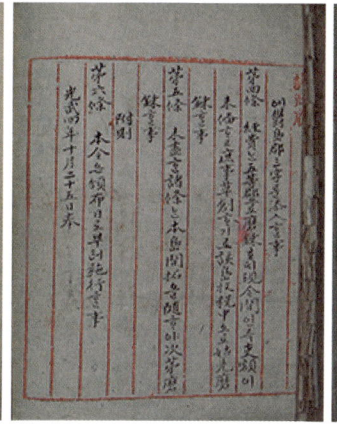

▲ 대한제국 칙령 제41조

에 속해 있다는 사실을 알리는 것이에요. 칙령 제41호는 국제사회에 독도가 대한제국의 땅이라는 것을 알리는 데 큰 역할을 했답니다.

일본은 제2차 세계대전 이후 패전국의 지위로 제국주의 시대에 점령했던 나라들을 되돌려줘야 하는 상황이었어요. 우리나라 역시 그런 나라들 가운데 하나였지요. 따라서 1946년 1월 29일 연합국 최고사령관 총사령부는 '연합국최고사령관 각서(SCAPIN) 제677호'를 통해 '일본의 일부 주위 지역의 정치 및 행정적 분리'를 명령하였어요.

연합국최고사령관 각서(SCAPIN) 제677호 제3항을 살펴보면, 일본이 통치권을 행사할 수 있는 지역은 "혼슈(本州), 규슈(九州), 홋카이도(北海島), 시코쿠(四國) 등 4개 주요 도서와 약

1천 곳의 인접 소도서"라고 되어 있어요. 그리고 "울릉도, 리앙쿠르암(독도)과 제주도는 제외된다'."라고 명시되어 있답니다. 국제사회에서 독도가 한국의 영토임을 인정하는 항목이에요.

그러나 일본은 이것을 인정하고 있지 않아요. 이후 연합국과 체결된 '샌프란시스코 강화조약'에서 독도의 이름이 빠져 있다는 것을 이유로 들면서 말이에요. 사실 이것은 엄연히 잘못된 이야기랍니다. 우리나라에는 크고 작은 섬이 3천여 개나 있어

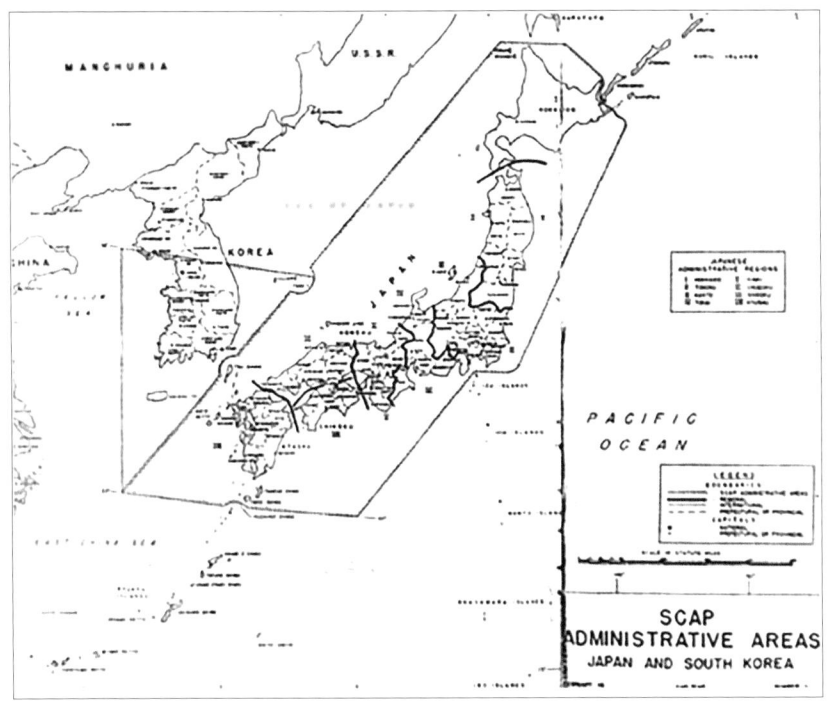

▲SCAPIN 제677호(1946.1.29)
일본으로부터 일정 주변지역의 통치 및 행정상의 분리(Governmental and Administrative Separation of Certain Outlying Areas from Japan)에 관한 각서

요. 조약을 만들 때 모든 섬의 이름을 하나하나 쓸 수는 없는 것이죠. 샌프란시스코 강화조약 제2조에서는 "일본은 한국의 독립을 인정하고, 제주도, 거문도 및 울릉도를 포함한 한국에 대한 모든 권리, 권원 및 청구권을 포기한다."라는 내용이 있어요. 이것은 우리나라가 가지고 있는 3천여 개의 섬 가운데 대표적인 섬의 이름을 나열한 것일 뿐 독도가 쓰여 있지 않다고 하여 독도가 한국의 땅이 아니라는 말은 아니라는 것이에요.

 # 우리 땅을 지킨 독도의용수비대

　1952년 우리나라는 6.25 전쟁 당시 휴전을 앞두고 남북이 조금이라도 영토를 더 차지하기 위해 끝이 보이지 않는 전쟁을 계속하고 있었어요. 많은 사람이 목숨을 잃었고, 전쟁 포로들에 대한 송환 문제를 해결하지 못하여 휴전은 할 수 없는 상황이었지만 이승만 대통령은 깜짝 선언을 했어요. 1952년 1월 18일, 한반도의 해양 주권을 명확하게 하려 바다에 선을 그은 것이죠. 다시 말해 선을 그은 여기까지가 한반도의 바다(영토)임을 선언한 것이에요. 이 선을 '이승만 라인' 또는 '평화선'이라고 부른답니다.

　평화선을 선언하고 많은 혼란이 있었으나 가장 반발이 심했던 나라는 당연 일본이었어요. 세계대전 패전 이후에도 일본은 독도에 대한 미련을 버리지 못했어요. 그래서 이승만 대통령이 선언한 평화선 안에 독도와 울릉도가 포함된 사실이 마음에 들지 않았던 것이죠.

　이후 독도에는 이상한 일들이 일어났어요. 독도로 일을 하러 간 울릉도 어부들이 평소 보지 못했던 표지판을 발견한 것이

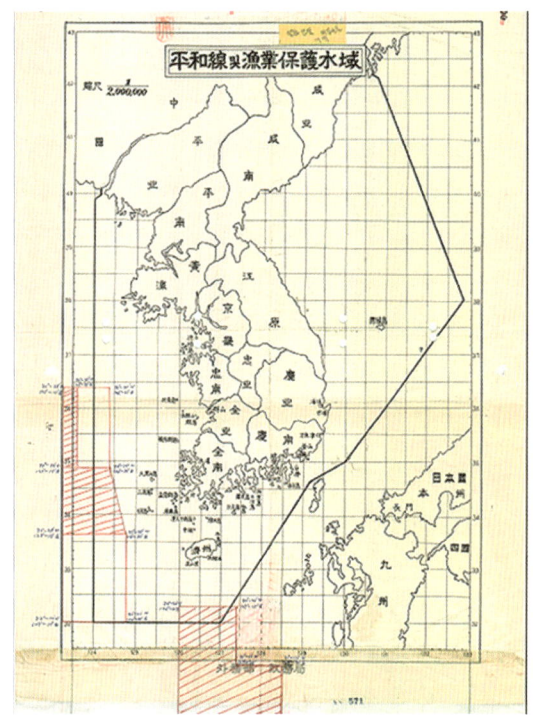

▲ '이승만 라인' 또는 '평화선'

에요. 그 표지판에는 다음과 같이 쓰여 있었어요. '도근현은기군 오개촌죽도(島根縣隱岐郡竹島)'. 이것은 시마네현 오키군 다케시마라는 뜻으로 독도가 일본 시마네현 영토라는 의미에요. 근처에서 또 다른 표지판도 발견되었는데 여기에는 '주의. 일본 국민 및 정당한 수속을 거친 외국인 이외는 일본 정부의 허가 없이 출입을 금지함'이라고 쓰여 있었어요. 이 푯말 역시 독도가 일본의 땅임을 주장하고 있었답니다. 어째서 이런 것들이 독도에 있었던 것일까요?

제7장 | 우리 역사가 지킨 독도 117

▲ 조선산악회가 세운 표지판(출처: 한국산악회)　▲ 6.25 전쟁을 틈타 일본이 몰래 세운 표지판

　　사실 독도에는 1947년 조선산악회가 세운 표지판이 설치되어 있었어요. '조선 울릉도 남면 독도'라고 쓰여 있던 표지판은 독도가 우리나라 땅이라는 것을 알리는 첫 시설물이었지요. 하지만 조선산악회가 세운 표지판은 어디론가 사라지고 일본의 땅임을 주장하는 것들이 독도에서 발견된 것이에요. 예상하듯이 이 표지판들은 일본이 6.25 전쟁의 혼란을 틈타 독도로 들어와 몰래 설치한 것들이었답니다.
　　울릉도 주민들은 일본이 불법으로 설치한 표지판을 뽑고 '대한민국 경상북도 울릉군 독도'라고 쓰여 있는 표지판을 다시

▲ 독도의용수비대원들

세움으로써 독도가 우리 영토임을 주장했어요. 하지만 얼마 후 표지판은 사라지고 다시 일본의 표지판이 세워져 있었어요. 심지어 일본 정부는 무장 경찰들을 독도로 보내 독도에서 어업을 하던 울릉도민들을 강제로 쫓아내기도 했답니다.

6.25 전쟁에서 부상을 입고 퇴역한 울릉도 출신 홍순칠은 울릉경찰서에 이와 같은 상황을 알렸지만, 당시 우리나라는 현실적으로 독도까지 신경을 쓸 수 있는 상황이 아니었어요. 이에 가만두고 볼 수 없었던 홍순칠은 사람들을 모아 의병대를 설립하였어요. 당시 울릉도에는 퇴역한 상이군인이 40여 명 있었는데 이들은 홍순칠의 설득으로 독도를 지키기로 의기투합하고 1953년 이 시대 마지막 의병인 '독도의용수비대'를 결성했답니다.

독도의용수비대는 다시는 일본이 표지판을 뽑아가지 못하게 독도의 동도 바위 절벽에 '한국령'이라는 표식을 새겼어요. 그리고 밤낮을 가리지 않고 독도 주변을 감시하여 일본 순시선의 불법 점령 시도를 수차례 저지하였지요. 이렇게 약 44개월간

▲ 경비초소 및 표석을 세운 독도의용수비대원들

독도를 수호한 독도 의용수비대 덕분에 우리는 독도 영토 주권을 단절 없이 지켜낼 수 있었어요. 이후 1954년 7월 28일 독도 의용수비대는 경찰에게 독도 경비 업무를 넘겨주었습니다. 현재는 독도경비대가 독도를 지키고 있답니다.

독도에는 아주 오래전부터 지금까지 우리 국민들이 살고 있어요. 다시 말해 우리나라는 독도를 '실효 지배'하고 있다는 이야기예요. 자국의 국민들이 거주하고, 실질적으로 통치권을 행사하고 있으

▲ 독도 주민이 살고 있는 숙소

면, 그 영토는 실효 지배하고 있는 국가의 소유라고 해요. 만약 그 시절 독도 의용수비대가 독도를 지키지 않았다면, 그래서 일본이 불법 점령을 통해 독도에 실효 거주를 했다면 지금 독도의 주인은 누가 되었을까요?

제8장

우리가 지켜야 할 독도

독도의 날을 기억해 줄래?

　매년 10월 25일은 '독도의 날'이에요. 독도의 날은 독도의 중요성과 우리나라 영토임을 알리기 위해 지정되었어요. 그럼 왜 10월 25일을 독도의 날로 정했을까요? 1900년 10월 25일에 고종 황제가 대한제국 칙령 제41호를 통해 독도를 울릉도 부속 섬으로 명시한 것을 기념하기 위해 그 날을 독도의 날로 정한 것이랍니다.

　우리에게 독도는 단순히 하나의 섬이 아니라, 우리의 역사와 문화 그리고 정체성을 상징하는 중요한 장소예요. '독도의 날을 기억해 줄래?'라는 물음은 단순히 과거를 회상하자는 의미가 아니에요. 이것은 현재와 미래를 위한 물음일 수 있어요. 다시 말해 독도의 소중함을 알리고, 이를 지키기 위한 노력을 하자는 의미랍니다. 이렇게 독도를 지키는 일은 우리의 정체성을 지키는 일과도 같아요.

　독도의 날을 맞이하여 독도에 대해 더 잘 알아보고, 독도를 사랑하는 마음을 키워 봅시다.

활동 1 **독도에 대해 얼마나 알고 있나요? 도전! 독도 퀴즈**

1. 독도의 날은 언제인가요?
   ① 3월 1일   ② 7월 17일   ③ 8월 15일   ④ 10월 25일

2. 독도는 우리나라의 어느 바다에 있나요?
   ① 동해   ② 남해   ③ 서해

3. 독도는 ○○○○ 울릉군 울릉읍에 소속된 섬이다.
   ① 충청남도   ② 경상북도   ③ 경상남도   ④ 전라북도

4. 독도에 있는 큰 섬 2개를 무엇이라고 하나요?
   ① 동도, 북도   ② 동도, 서도   ③ 남도, 북도   ④ 서도, 남도

5. 독도를 부르는 여러 가지 이름 가운데 아닌 것은 무엇인가요?
   ① 우산도   ② 죽도   ③ 돌섬   ④ 독섬

활동 2 독도의 날 기념 카드 만들기

독도의 날을 기념하여 친구나 가족에게 줄 카드를 만들어 봅시다. 아름다운 독도의 모습을 그리거나 독도에 대한 이야기를 써 보세요.

또는 다음 내용을 손글씨로 예쁘게 쓰고 꾸며 봅시다.

(한국어) 대한민국의 아름다운 영토, 독도
(영어) Dokdo, Beautiful Island of Korea
(중국어) 韩国美丽的领土, 独岛
(일본어) 韓国の美しい領土, 独島
(스페인어) bella isla de corea, Dokdo

활동 3 나의 다짐 쓰기

독도를 지키기 위해 내가 할 수 있는 일을 생각해 보고 글로 다짐해 봅시다.

(예시)
독도가 대한민국의 영토라는 것을 기억하고, 누군가가 독도에 대해 질문했을 때 독도가 왜 대한민국의 영토인지를 설명할 수 있을 정도가 될 수 있게 열심히 공부해야겠다.

독도 여행 사진을 올려 줘!

활동 1 독도 사진을 보며 이야기 나누기

독도의 멋진 풍경이 담겨있는 사진을 보며 독도의 특징이나 느낀 점을 이야기해 봅시다.

(예시)
- 독도는 동도와 서도라는 두 개의 큰 섬이 있습니다.
- 바다와 해안 절벽이 아름답습니다.
- 독도에는 다양한 새들이 살고 있습니다. 괭이갈매기는 독도를 대표하는 새입니다.

활동 2 독도 사진첩 만들기

독도 사진을 모아 사진첩을 만들어 봅시다. 각 사진에 대한 설명을 적어 주면 더욱 좋겠죠?

(예시)

독도를 대표하는 바위 가운데 하나인 촛대바위는 촛대 모습과 닮았다 하여 촛대바위라는 이름으로 불린다. 오른쪽에 있는 삼형제굴바위는 동도와 서도를 이어주는 징검다리처럼 놓여 있는 3개의 굴을 가진 바위섬이다.

활동 3 　**독도를 여행하는 모습을 상상하여 그리기**

　독도를 여행하는 나의 모습을 상상해 봅시다. 독도에서 보고 싶은 것, 하고 싶은 것을 생각해 보고 그림으로 표현해 보세요.

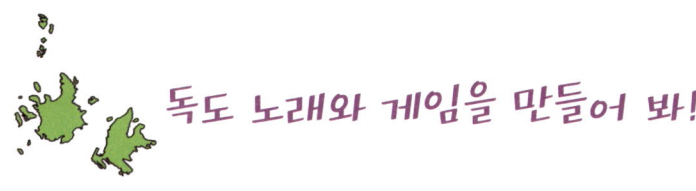 독도 노래와 게임을 만들어 봐!

활동 1 내가 만든 '독도는 우리 땅 ♪'

독도의 아름다움과 소중함을 생각하며 짧은 노래를 만들어 봅시다.

(예시) 비행기 동요 개사하기
1행: 독도, 독도 우리 땅
2행: 푸른 바다 맑은 하늘
3행: 우리 힘으로 지켜요
4행: 독도는 우리 땅

1행:

2행:

3행:

4행:

활동 2 독도 게임 하기

- 준비물 : 보드판, 보드마카
- 게임 방법

① 4~5명씩 팀을 구성한다.

② 각 팀은 독도와 관련된 질문을 5개씩 만든다.

③ 팀은 번갈아 가며 문제를 출제한다.

④ 문제의 정답을 가장 많이 맞추는 팀이 승리한다.

⑤ 이긴 팀이 만든 노래를 다같이 부르며 정리한다.

활동 3 독도 마블 게임 하기

(뒷면으로)

독도의 역사에 대해 30초 동안 이야기하기	독도의 주요 생태계는 무엇인가요? 해양 생태계	무인도로 가시오!!	독도에 관련된 그림을 1분 안에 그리기	독도… 바… 하… 요… 동하
독도경비대는 경찰일까요? 군인일까요? 경찰				
시작 →	독도의 두 개 주요 섬 이름은 무엇인가요? 동도, 서도	한번 쉬기	독도에 대해 친구에게 1분 동안 설명하기	1

뒤로 1칸 이동!	독도에 가고 싶은 이유를 세 가지 말하기	앞으로 3칸 이동!	독도에서 가장 많이 볼 수 있는 새는 무엇인가요? 갈매기
			독도에 대해 알고 있는 노래 부르기
독도는 어느 나라의 영토인가요? 대한민국	독도에 사는 동물 중 하나를 소리 내어 흉내 내기	독도는 어느 섬 옆에 있을까요? 울릉도	**무인도 2번 쉬기**